音読
JAPON
ジャポン

フランス語でニッポンを語ろう!

浦島 久(著)　Charles De Wolf(訳)

構　　　成 = 土屋晴仁、Richard Blaire

装　　　幀 = 高橋玲奈

編 集 協 力 = 株式会社ヌーベルエコール、Isaac Kim、横田巴都未

ナレーション = Elisabeth Ohyanagi、Philippe Lacueille

録音スタジオ = 株式会社巧芸創作

訳者まえがき

　日本の現代生活にまつわる35のトピックを扱う『音読JAPAN』は、音読とスピーキングに重点をおいた、実践的な英語学習の教材として考案されました。読者の皆さんは、多様なテーマのストーリーを音読し、各トピックに対する賛成・反対意見を参考にすることで、「日本」についてただ紹介するだけでなく、自分の意見も伝えられるようになります。

　今回、フランス語版である『音読JAPON』の刊行に際して、日本語文をそのまま翻訳するのではなく、日本語のことばや表現等が話題になる場合（例えば、「DJポリス」や「オタク」という言葉）、補足の説明を加えて、フランス語のネイティブ・スピーカーやフランス語を習っている日本人のために、より一般的で自然な内容にしました。もちろん、日本の文化を理解したり説明したりするのは、単に言語の問題ではありません。 日本で自転車をレンタルしたり、茶道に参加してみたり、様々な体験をする多くの重要なヒントを本書は提供しています。

　フランス語は、重要な国際言語であり、フランス語を学ぶ人は、特に日本人の感性に訴えるような仏文学の詩や歌の美しさを楽しむことができるでしょう。

> Rappelle-toi, Barbara
> Il pleuvait sans cesse sur Brest ce jour-là
>
> 思い出してごらんよ、バルバラ
> あの日のブレストは絶えず雨が降りしきっていた。
>
> （ジャック・プレヴェール Jacques Prévert）

　長年英語を勉強してきた日本人は、フランス語を習い始めると、多くの単語を最初から認識しやすいでしょう。英語の語彙の半分以上が、フランス語と関係のあるラテン語由来だからです。例えば、第5章の次の文を見てみたら、なんとなく意味がわかりませんか？

> Pour les visites au Japon, les transports en commun sont très pratiques.

　言うまでもなく、フランス語の発音や正書法を習得するためには、大変な努力が必要です。そのために、本書の付属CDを注意深く聞くことは大切な第一歩です。フランス語を学ぶ日本人にとって最も難しいのは、英語の動詞より複雑なフランス語の動詞の活用かもしれません。しかし、努力をすればしただけ大きな成果があることでしょう。

Charles De Wolf（須田狼庵）

音読の４つのステップ

ステップ１　準備運動

（１）一度聴いて内容を理解する

（２）速読して内容をさらに理解する

（３）精読して内容を完全に理解する

ステップ２　音読

（１）収録音声を使って音読

（２）収録音声を使わずに音読

ステップ３　シャドーイング

●即座に真似る　●小さめの声で真似る　●リラックスして真似る

ステップ４　サマリー＆意見

（１）自分のフランス語で要約

（２）自分の意見を述べる

この本の使い方

　この本は一見よくあるリーディング教材に見えます。そのように使ってもらってもいいのですが、音読教材として使えば、さらに効果的な教材になるはずです。ここでは私が推薦する使い方を紹介させてもらいます。

　私が考える音読は、単に外国語で書かれた文をうまく読むとか、単語やフレーズを覚えるといったものではありません。総合的に語学力をつけることを目指しています。つまり、何のために音読するのかというと、話せるようになるため、という考えがベースにあります。さらに追求すると、学んだ言語で自分の意見を言えるようになるため、ということになります。

　こんなことを前提に、私の考えるこの本の効果的な利用法を記していきます。これが現在のところ私の信じる「最強の勉強法」です。もちろん、どのような使い方をするかはみなさんの自由です。

ステップ1　準備運動

(1) 一度聴いて内容を理解する

　できるだけ内容を理解できるよう耳を傾けてください。リスニングが苦手という人には特にこのプロセスが大事です。

　この1回目のリスニングで80%以上わかるという学習者にはこの教材はやさし過ぎます。もう少しチャレンジングなものを見つけてください。反対に30%ぐらいしかわからないという方には、この教材は最適です。最初はその程度かもしれませんが、この本の最後のストーリーに達する頃までにはあなたのリスニング力は驚くほど上達しているに違いありません。

　ここで大事なことは、たとえわからないところがあってもその部分は聴き流す、ということです。いつまでもそこに固執していると次の仏文が流れてきて、さらにわからなくなってしまいます。リスニングのコツは「理解できるところから推測して内容の把握に努める」ことです。

「メモを取ってもいいですか？」とよく聞かれるのですが、私はあまり奨励しません。なぜならフランス語で実際にコミュニケーションをするときにもメモは取らないからです。メモを取るのは会議や通訳をするときです。どうしてもメモを取りたい方は、あくまでもメモに留め、決して文章にしないこと。慣れてきたら、メモなしで理解できるよう訓練しましょう。

もう1つ注意したいのは、ここでは音声は二度聴かない、ということです。実社会においては、対面の会話でない場合は、一度しか聴けません。普段からその習慣をつけておけば、1回1回を大事に聴くようになります。

（2）速読して内容をさらに理解する

できるだけ速く、黙読で内容を理解してください。最初から速く読める人はいませんから、目標としては1つのストーリーを1分から1分半程度で読めるようになればいいでしょう。とりあえず自分ができるレベルから始めてください。たとえば、まずは3分。それが可能になったら2分半で。そんなふうに自分自身で目標の時間を作ってください。この段階では声を出さないようにしましょう。わからない単語があっても辞書を使ってはいけません。わからないところは飛ばして、もちろん収録音声も使いません。

時間をかけて1文1文正確に訳すことより、即座に内容を把握するように心がけましょう。

音読は万能ではありません。音読の一番の弱みはスピードです。声に出すと、どうしても速く読めません。スピードという点では音読は黙読に敵わないのです。仏文を素早く読めるようになるためには、このプロセスを大切にしましょう。これをやるかやらないかで、後にかなりの差がでます。ここは必ずやりましょう！

（3）精読して内容を完全に理解する

意味がわからないフランス語をいくら音読しても効果は期待できません。音読する前に必ず内容を理解しましょう。声に出さずに精読してみて、わからないところがあれば次のページの和訳や単語ノートをヒントにしてく

ださい。

　また、文法書などを参考にしたり、質問に答えてくれるウェブサイトを利用したりするのも1つの手です。

ステップ2　音読

（1）収録音声を使って音読

　いよいよ収録音声を使っての音読です。音声を再生しながら小さな声でついていってください。単語の発音やイントネーションを恥ずかしがらずに真似してみましょう。通しで練習せず、1行1行止めながら練習することもできます。正確に読めるということは、リーディングやスピーキングのためだけでなくリスニングにもプラスになります。つまり「読めないものは聴いてもわからない」という単純な法則です。逆に考えると「読めるものは聴き取れる」ということになります。

　この本の収録音声では男女のネイティブがナレーターとして登場します。少しでも違う外国人の声に慣れることが目的です。ラッキーなことに日本は外国語教材であふれています。国籍、性別、年齢、声質の異なる多くの外国人が録音に参加しています。色々な声に慣れるためにも、さまざまな教材を活用してください。

（2）収録音声を使わずに音読

　さぁ、今度は音声の再生なしで全体を通して大きな声で読みましょう。なるべくリズミカルに何度も読んでみてください。実際に音読してみるとうまく発音できない単語が出てきたり、なめらかに読めない箇所が出てきます。そんなときはもう一度収録音声でチェックするのがいいでぉう。

　この過程で私が大事だと考えているのは、発音やイントネーションが狂わない限りなるべく速く読むということです。付属の収録音声と同じくらいの速さで読めるようになったら、次はそれより少し速めに読む練習をしてください。

なぜ速く読むのか？　それは速いフランス語を聴き取れるようになるためです。学習者が聴き取れる言語のスピードは、その人の音読できるスピードと相関関係があるといわれています。つまり速いフランス語を理解するためには、速く音読する練習が効果的です。カンマとピリオドでしか息継ぎしないように意識するとよいでしょう。

　音読するときに忘れてはいけないのが、口先だけで読むのではダメだということです。意味を理解し、感情を込め、強調すべきところは強調して読む練習をしましょう。自分の目の前に熱心に聞いてくれる人がいるつもりでやってみてください。

ステップ3　シャドーイング

　シャドーイングは同時通訳の練習で使われる手法です。まずはテキストを閉じてください。音声を流したまま、聴こえてきたフランス語を次々と口に出していくのです。最初はなかなかできないかもしれません。その場合のヒントをいくつか紹介します。

●即座に真似る

　聴こえてきたフランス語をなるべく間をおかずに即座に真似してみましょう。シャドーイングは正確性よりもスピードを重視した訓練です。聴こえなかったところは諦めて、次に流れてくるフランス語に集中するようにしましょう。

●小さめの声で真似る

　うまくできない場合は、声を少し小さめにしてみるとできる場合があります。自分の大きな声が収録音声のフランス語をかき消してしまうからです。それに、大きな声より小さな声のほうが口に出すフランス語のスピードも速くなります。

●リラックスして真似る

　シャドーイングで苦労する人の中には、肩に力が入りすぎている場合があります。シャドーイングはとにかくリラックスしてやることが大事です。「プレーヤーから流れてくる声は、実は自分の声なんだ」くらいに思ってやってみてください。心の持ちようで楽にできるようになります。

　どうしてもうまくシャドーイングできない人はもう一度テキストを見て音読の練習をしてください。その際は、収録音声のスピードより少し速く読めるようになるといいです。それができるようになれば、たとえ途中で収録音声に遅れてしまっても素早く口に出すことで追いつくことができるからです。

　シャドーイングがうまくなればリスニング力も伸びます。なぜなら、聴こえなければ口からその仏文が出せないからです。慣れてくると収録音声とほぼ同時に口から仏文が出るようになります。最終的には口に出しながら同時に意味も理解できるようにしたいものです。シャドーイングの効果は計り知れません。ぜひやり方をマスターしてください。

ステップ4　サマリー＆意見

（1）自分のフランス語で要約

　ストーリーに書かれていることを自分のフランス語で誰かに話して伝える練習です。聞いてもらう人がいなければ鏡の中の自分や好きな俳優やミュージシャンのポスターに話しかけてもいいでしょう。これは会話力をつけるのにとても効果的です。

　ここで大事なことは、ストーリーとして書かれていることを一字一句暗記はしない、ということです。何度も音読するうちに文は自然に口から出てくるようになるので、あとはどうやって話の流れを作ればいいか考えるだけです。

　まとめ上手になるためのヒントは、相手に話しかけるイメージで行うことです。最初からサマリーがうまくできる人なんていません。どうしても

言えなければ、まずは言いたいことをフランス語で書いてみてもいいです。慣れてきたら文章ではなくメモにして、それを見ながら話してみましょう。それにも慣れれば、そのメモを頭の中に置いて話すことができるようになるはずです。

(2) 自分の意見を加える

いよいよ最終ステージです。ストーリーに対する自分の意見を言えるようになりましょう。ここは多くの日本人が最も苦手とする部分かもしれません。普段の生活で自分の意見を言うような場面があまりないからです。それをいきなりフランス語でやるのですから、簡単なことではありません。

これができるようになるためには、フランス語ができる・できないにかかわらず、常日頃からどんなことに対しても意見をもつ訓練をすることです。大それた意見でなくても、ちょっとした感想程度のものでいいのです。この本では、各ストーリーのあとに8つ（前半4つはポジティブ、後半4つはネガティブ）の意見をサンプルとして載せました。参考にしてください。

* * *

以上、4つのステップを紹介しました。もしかしたらステップを飛ばしたい、という方もいるかもしれません。反対に、もう少しステップを加えたい、という方もいるでしょう。いずれにせよ自分にとってプラスになる形を考えてください。あとは実行あるのみです。

最初はシャドーイングなどに膨大な時間がかかるかもしれません。でも練習を進めるうちに短縮できるようになるものです。

いちばん大切なのは行動に移すこと。この本がそのきっかけとなり、私の考える「この本の使い方」が、みなさんの語学力向上のお役に立てると嬉しいです。

付属のCD-ROMについて

本書に付属の CD-ROM に収録されている音声は、パソコンや携帯音楽プレーヤーなどで再生することができる MP3 ファイル形式です。一般的な音楽 CD プレーヤーでは再生できませんので、ご注意ください。

■音声ファイルについて

　付属の CD-ROM には、本書のフランス語パートの朗読音声が収録されています。

　パソコンや携帯プレーヤーで、お好きな箇所を繰り返し聴いていただくことで、発音のチェックだけでなく、フランス語で文章を組み立てる力が自然に身に付きます。

■音声ファイルの利用方法について

　CD-ROM をパソコンの CD/DVD ドライブに入れて、iTunes などの音楽再生（管理）ソフトに CD-ROM 上の音声ファイルを取り込んでご利用ください。

■パソコンの音楽再生ソフトへの取り込みについて

　パソコンに MP3 形式の音声ファイルを再生できるアプリケーションがインストールされていることをご確認ください。

　通常のオーディオ CD と異なり、CD-ROM をパソコンの CD/DVD ドライブに入れても、多くの場合音楽再生ソフトは自動的に起動しません。ご自分でアプリケーションを直接起動して、「ファイル」メニューから「ライブラリに追加」したり、再生ソフトのウインドウ上にファイルをマウスでドラッグ＆ドロップするなどして取り込んでください。

　音楽再生ソフトの詳しい操作方法や、携帯音楽プレーヤーへのファイルの転送方法については、編集部ではお答えできません。ソフトやプレーヤーに付属のマニュアルやオンラインヘルプで確認するか、アプリケーションの開発元にお問い合わせください。

Contents 目次

1

Se Promenant en Ville

街歩き

Le carrefour en diagonale

Parfois on veut traverser un carrefour en diagonale. Normalement il faut attendre deux fois que les feux de circulation changent. Il existe cependant des situations ou endroits particuliers où le trafic est arrêté dans toutes les directions, on peut passer de n'importe quel côté. Un carrefour de ce type s'appelle « un carrefour en diagonale ».

Pour l'instant, le carrefour de ce genre le plus populaire au monde se trouve devant la gare de Shibuya à Tokyo. En moyenne 3 000 personnes se croisent à chaque feu vert, le total quotidien atteignant un demi-million. Les Japonais sont habitués à la congestion aux heures de pointe et donc ne sont pas étonnés de voir autant de gens traverser sans se cogner l'un contre l'autre. En revanche, les étrangers y trouvent un spectacle surprenant. En conséquence, de plus en plus de touristes font un voyage spécial pour regarder cette merveille.

Parfois le carrefour de Shibuya ressemble à un événement sur Times Square à New York. Les jeunes se rassemblent à l'intersection à des moments tels qu'Halloween, le réveillon du Nouvel An et les Coupes du Monde de football. Ils se donnent un high-five et font beaucoup de bruit. La police est là pour contrôler la situation, dont les populaires *DJ-porisu* (policiers disque-jockey) qui maîtrisent avec brio cette excitation.

Au Japon on ne voit que rarement des personnes traverser la rue au feu rouge. La plupart des Japonais respectent le code de la route et attendent que le feu change. Pour notre sécurité personnelle, suivons cette coutume !

❖ **mots et phrases**

☐ **en diagonale** 対角的に

☐ **congestion** 混雑

☐ **se cogner** ぶつかる

☐ **font un voyage spécial** わざわざ ～へ行く

☐ **se donnent un high-five** ハイ タッチを交わす

☐ **avec brio** 完璧に

1

Le carrefour en diagonale

スクランブル交差点

　道路が直交する交差点で、対角線の向こう側に渡る必要があるときがあります。通常は信号が変わるのを2回待たなくてはなりません。しかし、車の流れが全方向で止まれば、どこへも横断できるようになります。これはスクランブル交差点と呼ばれています。

　今、世界で一番ホットなスクランブル交差点は渋谷駅前のものでしょう。1回の青信号で渡る人数が平均で3,000人。1日で50万人にものぼります。日本人はラッシュアワーの混雑に慣れています。ですから、これだけの人数が互いにぶつかりもせずに横断する様子に驚くことはありません。一方、外国人には目を見張る眺めとして映るようです。それゆえ、わざわざこの不思議な光景を見に来る人もだんだん増えています。

　渋谷のスクランブル交差点は、ときどきニューヨークのタイムズスクエアでのイベントのようになります。ハロウィン、新年、そしてサッカーのワールドカップのときに、若者たちがこの交差点に集います。そして、ハイタッチしたり大騒ぎしたりするのです。この状況を管理下におくために警察が出動します。しかしながら、興奮状態を格好よく整理するDJポリスは人気を得ています。

　日本では信号を無視して横断する人はめったに見ないでしょう。大多数の人はルールを守ります。渡る前に信号が変わるのを待ちます。あなた自身の安全のためにも、この習慣は尊重すべきです。

あなたはどう思う？

賛成・反対意見のサンプルを参考にして、自分の意見を文章にしてみましょう。

Pour 賛成

1. Les carrefours en diagonale facilitent la marche au centre-ville.
   スクランブル交差点のおかげで、繁華街での歩行がずっと速くなります。

2. Les carrefours en diagonale sont un symbole emblématique du Japon moderne.
   スクランブル交差点は現代日本を象徴する光景です。

3. Il est plus sûr de traverser à un carrefour en diagonale qu'à un passage pour piétons ordinaire.
   スクランブル交差点を横断する方が、普通の横断歩道を横断するよりも安全です。

4. Les grands rassemblements au carrefour en diagonale de Shibuya sont amusants et divertissants.
   渋谷のスクランブル交差点での大きな集まりがあると聞くと、楽しく、愉快に思われます。

Contre 反対

1. Les carrefours en diagonale sont une cause d'embouteillages dans les rues animées du centre-ville.
   スクランブル交差点は、交通量の多い繁華街の道路では交通渋滞の原因になります。

2. Les grands événements tels que le Nouvel An et Halloween ne devraient pas avoir lieu dans les rues principales.
   大晦日やハロウィーンのような大きなイベントは、メインストリートで行うべきではありません。

3. Les carrefours en diagonale ne fonctionnent que dans les grandes villes.
   スクランブル交差点がうまくいくのは大都市だけです。

4. On devrait plutôt construire plus de ponts piétonniers dans les villes.
   都市は代わりにもっと歩道橋を造るべきです。

2 Le *Kōban*

Près des gares et des grandes intersections se trouve généralement un petit bâtiment appelé *kōban*, qui ressemble à un mini-commissariat de police. En s'y approchant, on peut voir les policiers à l'intérieur. Le Japon a la réputation d'être le pays le plus sûr du monde. Le *kōban* est notre ligne de front pour protéger l'ordre public.

À l'échelle nationale, il y a environ 6 300 *kōban*. Et dans chacun d'eux, deux ou trois policiers sont en service. Le terme *kōban* signifie littéralement « monter la garde à tour de rôle ». Les policiers qui y travaillent s'appellent *o-mawari-san* (« patrouilleurs »). Mais leur travail ne consiste pas simplement à faire le tour du quartier. Ils donnent également des indications, surveillent la circulation et fournissent des instructions en cas d'accident. Ils prennent même soin des ivrognes et interviennent dans les querelles. En outre, ils visitent une ou deux fois par an chaque maison et chaque entreprise dans leur voisinage. Ils tiennent un registre des membres de la famille et des employés, ce qui est nécessaire pour s'assurer de la sécurité des citoyens lors de catastrophes ou d'autres urgences.

Sa contribution à l'ordre public ayant été démontrée, le système japonais de *kōban* a été adopté dans d'autres pays asiatiques. Il a également été introduit en 2016 aux Jeux olympiques d'été à Rio de Janeiro, où la diminution du nombre de crimes a été impressionnante.

La prochaine fois que vous irez au centre-ville, allez jeter un coup d'œil aux *kōban*. Certes, ils sont petits, mais certains d'entre eux sont conçus de manière intéressante et unique. Ils sont devenus des lieux populaires pour prendre des photos.

❖ **mots et phrases**

☐ réputation 評判

☐ ligne de front 最前線

☐ ordre public 治安、社会的秩序

☐ service 当直勤務

☐ faire le tour 巡回する

☐ interviennent 介入する

☐ jeter un coup d'œil 覗いてみる、見てみる

2

Le *Kōban*

交番

　駅の近くや大きな交差点のそばに、交番と呼ばれる小さな建物がありますが、それは小さな警察署です。よく見ると、中に警察官がいるのが見えるでしょう。日本は世界で最も治安が良い国だという評判があります。その社会的秩序を守る最前線が交番なのです。

　全国で約6,300の交番があります。そこでは2~3人の警察官が当直勤務しています。交番というのは「交代で番をする」という意味です。ここに勤める警察官は「お巡りさん」と呼ばれていて、それは「巡回する人」という意味です。しかしながら、地域を巡回するだけではありません。実際には、さまざまなトラブルに対応しています。例えば、道案内、交通の監視、事故の際の誘導などをします。酔っぱらいの世話をしたり、喧嘩の仲裁もします。それに加えて、年に1、2回、管轄区域の家や会社を回っています。家族構成や従業員の記録を残しています。災害に巻き込まれた際、安否確認のために必要なのです。

　日本の交番制度は治安に役立つと証明されています。そのシステムはアジア各国にも輸出され、ブラジルのリオ五輪でも導入されました。地域の犯罪件数が減少したことから、とても驚かれました。

　次に繁華街へ行くときには、どうか交番に注目してみてください。建物は小さいかもしれませんが、デザインのおもしろいものがいくつかあります。それらは写真撮影のスポットになっています。

賛成・反対意見のサンプルを参考にして、自分の意見を文章にしてみましょう。

Pour 賛成

1. Il est toujours facile de trouver la police quand vous en avez besoin.

必要な時はいつでも簡単に警察を見つけることができます。

2. Les enfants ont toujours un endroit à proximité où aller s'il y a un problème.

何か問題があれば、いつでも子どもたちが行けるところが近くにあるのです。

3. Les *kōban* sont pratiques pour les touristes qui ont besoin d'aide.

交番は手助けを必要とする観光客にとって便利です。

4. La police n'est jamais très loin en cas d'urgence.

非常事態の場合にも、いつも警察がそばにいます。

Contre 反対

1. Les *kōban* ne se fondent pas toujours dans le paysage environnant.

交番は必ずしも近隣地域に溶け込んでいません。

2. Beaucoup de *kōban* ne sont pas occupés à toute heure.

多くの交番では、警察官が常時そこにいるわけではありません。

3. Les *kōban* sont un gaspillage d'argent, car le Japon est un pays sûr.

日本は安全な国なので、交番はお金の無駄です。

4. Beaucoup de vieux *kōban* ont besoin de rénovations coûteuses.

古い交番の多くは、高額な修繕を必要としています。

3 Les travailleurs à temps partiel asiatiques

Un grand nombre de jeunes gens travaillent dans des supérettes, des *izakaya* (sorte de brasseries) et des fast-foods. On remarquera probablement que certains d'entre eux n'ont pas l'air japonais, et c'est parce qu'il y en a beaucoup qui viennent d'autres pays asiatiques. Dû au faible taux de natalité et au vieillissement de la population, il y a une pénurie de jeunes travailleurs au Japon. En outre, de plus en plus de jeunes Japonais entrent à l'université afin de trouver un emploi plus stable. Ainsi, il n'y a pas d'autre solution que d'engager des salariés étrangers.

Le gouvernement s'est montré actif dans le recrutement de jeunes étrangers et a lancé un programme pour faire venir 300 000 étudiants d'outre-mer. La plupart sont d'origine asiatique, la majorité venant de Corée du Sud et de Chine, bien que récemment le nombre de Vietnamiens, de Thaïlandais et d'Indonésiens ait fortement augmenté.

Le nombre total d'étudiants étrangers a atteint les 180 000, dont la moitié travaillent dans l'industrie manufacturière. La majorité apprennent le japonais et étudient dans des écoles professionnelles ou des universités. Ils espèrent trouver à l'avenir un emploi dans des entreprises japonaises, que ce soit au Japon ou dans leur pays natal.

De nombreux étrangers travaillant à temps partiel jouent un rôle important dans les chaînes de pharmacies. Il semble que leurs compétences linguistiques aient stimulé les ventes. Récemment, il y a eu une augmentation rapide de la clientèle touristique en provenance d'Asie. Dans une chaîne en particulier, les vendeurs portent un brassard déclarant en caractères chinois « je parle chinois », ainsi qu'un badge avec leur nom écrit en *katakana* ou en *hiragana*. Veillez donc à les appeler par leur nom. Ils en seront ravis.

❖ **mots et phrases**

□ un grand nombre de 多くの

□ dû au 〜のせいで

□ pénurie 不足

□ ainsi 結果的に

□ pas d'autre solution que d' 〜せ
ざるを得ない

□ stimulé 〜を増加させる

3 アジア人労働者

コンビニ、居酒屋、そしてファストフード店でたくさんの若者が働いています。日本人に見えない人もいることに気づくかもしれません。その多くが、アジアの国々から来ている人たちです。少子高齢化が進む日本では若い労働力が不足しています。その上、大学に進学する若者が増えており、彼らはもっと安定した仕事を探しています。そんな理由から、外国人の働き手を雇用せざるを得ないのです。

若い外国人の受け入れには政府も積極的です。「留学生30万人計画」を打ち出しました。結果、主にアジア諸国からの留学生を歓迎しています。最近まで、留学生は韓国や中国の人がほとんどでした。しかしながら、ベトナム、タイ、インドネシアから留学する人も急速に増えています。

留学生全体の数は約18万人に達しています。職場としては、製造業が約半分を占めています。彼らの大半は日本語を勉強し、専門学校や大学で学んでいます。彼らは将来、日本か母国の日系企業での就職を希望しています。

外国人アルバイトがドラッグストアのチェーンでも重要な役割を果たしています。彼らの言語能力が、売り上げを増加させているようです。近年、アジア圏からの観光客が急増しています。あるチェーンでは、「中国語できます」と書かれた腕章を店員がつけています。また胸にはカタカナやひらがなで書いてある名札をつけています。ぜひ彼らを名前で呼んであげてください。きっと喜ぶでしょう。

あなたはどう思う?

賛成・反対意見のサンプルを参考にして、自分の意見を文章にしてみましょう。

Pour 賛 成

1. Le personnel étranger peut apporter de nouvelles idées à une entreprise.

   外国人従業員はビジネスに新しいアイデアをもたらすことができます。

2. Les travailleurs étrangers rentrant chez eux véhiculeront une image positive du Japon.

   母国に帰る外国人労働者は、日本に対して良いイメージを持つでしょう。

3. L'expérience de la vie japonaise est appréciée par les entreprises japonaises à l'étranger.

   日本での生活経験は、日本企業の海外拠点により、高く評価されています。

4. Les étudiants étrangers peuvent aider à créer des partenariats d'affaires une fois rentrés chez eux.

   外国人留学生は帰国後、ビジネス・パートナーシップを築く上で貢献することができます。

Contre 反 対

1. Souvent, les étudiants étrangers ne restent pas au Japon après leurs études.

   外国人留学生は多くの場合、卒業後は日本にとどまりません。

2. Les étudiants étrangers ne contribuent pas à la société japonaise pendant une période très longue.

   留学生は、それほど長期間日本社会に貢献するわけではありません。

3. Les étudiants étrangers peuvent acquérir une expérience enrichissante, mais quittent rapidement le Japon par la suite.

   彼らは貴重な経験を得て、すぐに日本を離れてしまいます。

4. Certains *burakku-kigyō* (entreprises qui exploitent leurs employés) abusent des travailleurs étudiants étrangers.

   ブラック企業の中には、外国人留学生の労働者を悪用しているところもあります。

4 Les distributeurs automatiques

En se promenant dans les rues du Japon, les étrangers sont souvent frappés par le grand nombre de distributeurs automatiques. Plus de la moitié sont pour les boissons. Cependant, dans les gares et devant les arcades de jeux, on en trouve aussi pour les collations et les cigarettes. Il existe également des machines pour les journaux, les nouilles instantanées (Cup Noodle), les divinations, les cartes de visite, et même pour des tranches de pomme.

Au total, il y a au Japon environ cinq millions de distributeurs automatiques. Leurs ventes annuelles s'élèvent à environ 5 000 milliards de yens. Ce chiffre d'affaires est comparable à celui des industries japonaises de la publicité et de la vente par correspondance. On dit qu'il y a environ sept millions de distributeurs automatiques aux États-Unis. Pourtant, en termes d'échelle, c'est le Japon qui a le plus de distributeurs par personne, et au mètre carré. Et leurs fonctions évoluent d'année en année. Le nombre de machines acceptant des transactions avec des cartes et des smartphones étant en augmentation, il n'est plus nécessaire d'avoir de l'argent liquide sur soi.

Les Japonais aiment les choses commodes, et leur appréciation des robots et autres appareils mécaniques est peut-être une caractéristique nationale. Cependant le nombre de distributeurs automatiques diminue progressivement chaque année. Prenons par exemple le café. Les supérettes, qui vendent également du café infusé sur place et à bas prix, ont conquis une part du marché. De plus, les distributeurs automatiques disparaissent des petites villes en voie de dépeuplement.

Pour terminer, voici quelque chose de typique du Japon, un pays sujet à des tremblements de terre. En cas de catastrophe naturelle, certains gouvernements locaux et fabricants de distributeurs automatiques fournissent des boissons gratuites dans les établissements publics. Les distributeurs automatiques ordinaires peuvent être commutés en « mode libre » par télécommande. N'est-ce pas une bonne idée ?

❖ mots et phrases

☐ au total　合計〜になる

☐ comparable　相当する

☐ évoluent　進化する

☐ transactions　取引、決済

☐ appréciations　好み

☐ dépeuplement　過疎化

☐ sujet à des tremblements de terre　地震が多い

4 自動販売機

　日本の通りを歩いていて、自動販売機がたくさんあることに気づいた人も多いと思います。半分以上は飲料の販売機です。しかしながら、駅の切符売り場やゲームセンターの前には、スナックやタバコの販売機も見かけるでしょう。他にも新聞、カップヌードル、おみくじ、名刺、そして、カットしたリンゴの販売機もあります。

　日本には、全部でおよそ500万台もの自動販売機があります。年間売り上げは合計約5兆円になります。これは、日本の広告産業や通販産業と肩を並べる市場規模です。米国には約700万台あるそうです。しかし、人口や面積を考えれば、人口当たりの割合は日本が世界一です。また、その機能も年々進化しています。カードやスマートフォンで決済できるものが増えているので、現金を持ち歩く必要がありません。

　日本人は便利なものが大好きです。ロボットのようにメカニックなものを好むのは国民性です。それにもかかわらず、自動販売機の台数は年々少しずつ減っています。例えばコーヒーです。より安くて新鮮なものが飲めるコンビニが市場シェアを奪っています。それに加え、過疎化に苦しむ小さな町からも自動販売機は姿を消しつつあります。

　最後に、地震の多い日本らしい話をどうぞ。震災時には、自治体や自動販売機メーカーの中には、公共施設で飲料を無料で提供してくれるところがあります。普通の自動販売機も遠隔操作により「無料」に変更できるのです。これってすごいアイデアですよね。

賛成・反対意見のサンプルを参考にして、自分の意見を文章にしてみましょう。

Pour 賛成

1. On peut toujours trouver de nouveaux produits à essayer.
   いつでも、新製品を見つけて試してみることができます。

2. Il est facile de trouver une boisson chaude lorsqu'il fait froid, ou une boisson fraîche lorsqu'il fait chaud.
   寒い日には温かい飲み物を、暑い日には冷たい飲み物を、簡単に見つけることができます。

3. Les prix sont à peu près les mêmes que dans les supérettes.
   値段はコンビニエンスストアと大体同じです。

4. Les distributeurs automatiques sont toujours bien entretenus.
   自動販売機は常に管理が行き届いた状態にあります。

Contre 反対

1. Les distributeurs automatiques gaspillent trop d'énergie.
   自動販売機はエネルギーを浪費しすぎています。

2. Les distributeurs automatiques nous incitent à dépenser de l'argent plus souvent.
   自動販売機は、もっと頻繁にお金を使うよう促しています。

3. La plupart des aliments et des boissons vendus dans les distributeurs automatiques sont mauvais pour la santé.
   自動販売機で売られている食べ物や飲み物は、ほとんどが不健康なものばかりです。

4. Les distributeurs automatiques ne se fondent généralement pas dans leur environnement.
   自動販売機はたいてい周囲の環境と調和していません。

2

Le Tourisme

観光

5 Le transport

Pour les visites au Japon, les transports en commun sont très pratiques. Quand vous faites un voyage entre deux grandes villes, vous pouvez utiliser le célèbre *Shinkansen*, le TGV japonais. Près de la gare, les métros, les trains et les autobus sont faciles d'accès. Cependant, il vous faut vous souvenir d'une chose : préparez-vous aux heures de pointe du matin et du soir. À part cet inconvénient, le système de transport du Japon jouit d'une excellente réputation en matière de ponctualité et de sécurité.

Le *Shinkansen* est très populaire. Malgré des vitesses supérieures à 300 km/h, il y a très peu de vibrations ou de bruit. Les wagons sont impeccablement propres et les trains arrivent toujours à l'heure. Une autre commodité est la vente à bord de *bentōs* (boîtes-repas), de snacks, de café et d'autres produits. Les membres du personnel poussent un chariot de nourriture dans le train plusieurs fois par voyage.

Une autre chose dont il faut être conscient est l'équipe de nettoyage du *Shinkansen*. Le délai entre l'arrivée et le départ des trains sur un terminus est d'environ 12 minutes. Si les passagers mettent cinq minutes à monter et à descendre, cela ne laisse qu'un intervalle de sept minutes. Pendant cette brève période, l'équipe a le devoir de ranger et nettoyer les 16 voitures. Avec une personne en charge de 100 sièges par voiture, l'équipe réussit à les maintenir en parfait état. Cette démonstration de travail d'équipe et d'amour pour la propreté laisse une profonde impression sur les passagers.

Le service de taxi est aussi à recommander. Comme vous le savez peut-être déjà, la porte du côté gauche s'ouvre et se ferme automatiquement, de sorte que le passager n'a plus besoin de faire quoi que ce soit, sauf de monter en voiture et d'en descendre. Puisque le tarif est clairement affiché sur le compteur le long du voyage, il n'y a pas à s'inquiéter des arnaques. Chaque entreprise s'efforce de former correctement ses chauffeurs pour l'accueil de clients étrangers. Le service de taxi au Japon est sûr, convivial et fiable.

❖ **mots et phrases**

- [ ] **quand** 〜すれば、もし〜すると、〜した時には
- [ ] **à part** （それは）さておき
- [ ] **malgré** 〜にもかかわらず
- [ ] **impeccablement propres** 完全に清潔で
- [ ] **vente à bord** 車内販売
- [ ] **en charge de** 〜を担当して
- [ ] **accueil** 対応、歓迎

5

Le transport

交通

　日本で観光地に行こうと思えば、公共交通機関が便利です。2つの大都市間の旅なら、有名な新幹線があります。ひとたび大都市に入れば、地下鉄、電車、そしてバスが便利に使えます。ただし一つだけ覚えていなければならないことがあります。朝と夕方のラッシュアワーを覚悟していてください。それはさておき、日本の公共交通機関は、時間の正確さと安全性に定評があります。

　新幹線に乗ってみたいという人がたくさんいます。時速300kmを超すスピードにもかかわらず、揺れと騒音はほとんどありません。室内も染み一つなく清掃され、時間に正確に運行されています。もう一つ便利なのは弁当、スナック、コーヒーなどの車内販売です。新幹線の販売員が食品ワゴンを押して、何度も車内を往復します。

　それからもう一つ新幹線で知ってほしいのは、清掃チームです。プラットフォームに出入りする新幹線車両の平均的な滞在時間はおよそ12分間。乗客の乗り降りの時間を5分とすれば、7分間の空きがあります。このわずか7分の間に、16両もの列車を清掃するのが仕事です。一人当たり1車両100席を担当して完璧な状態を保つようにするのが彼らの役目です。日本人のチームワークときれい好きさに、多くの人が非常に感銘を受けます。

　タクシーもおすすめする価値があります。ご存じと思いますが、客席の左側ドアは自動的に開閉します。ですから、乗客は何もする必要がありません。また料金はメーターに表示されるので、不正はありません。どの会社でも、外国人への運転手の対応について、熱心に教育しています。日本のタクシーは安全で親切、そして信頼できます。

あなたはどう思う?

賛成・反対意見のサンプルを参考にして、自分の意見を文章にしてみましょう。

Pour 賛成

1. Le *Shinkansen* est plus pratique que le transport aérien.
   新幹線は飛行機で行くよりも便利です。

2. La qualité et la variété de la nourriture dans les trains sont meilleures que pour les repas en vol.
   車内販売の食事は、機内食と比べて質が良く、種類も豊富です。

3. Voyager en train nous permet de voir plus de la campagne.
   鉄道旅行の方が、田舎にもっと目を向けることができます。

4. Les trains et les autobus sont extrêmement ponctuels, ce qui est utile pour planifier des vacances.
   列車やバスは時間に大変正確で、休暇旅行を計画するにはありがたいです。

Contre 反対

1. Les transports publics au Japon sont très coûteux par rapport à d'autres pays.
   日本の公共交通は、他国と比べて運賃がとても高額です。

2. Beaucoup de touristes ne visitent que des endroits accessibles à pied et éloignés des gares.
   多くの観光客は、駅から歩いて行ける距離の所しか訪れません。

3. L'équipe de nettoyage du *Shinkansen* peut être perturbée pendant son travail par les regards des passagers.
   新幹線の清掃係を見学していると、彼らの仕事の邪魔になりかねません。

4. Les taxis clandestins (*shiro-nambā*, c'est-à-dire ayant une plaque blanche au lieu d'une plaque verte) redeviennent un problème.
   営業許可を受けていない「白ナンバー」のタクシーが、また問題になってきています。

6 Les bicyclettes

Pour se déplacer dans les zones urbaines, les transports en commun sont fiables. Mais il est parfois difficile de se rendre dans les villes et les villages à la campagne, appelée *inaka* en japonais. De nombreux endroits ne disposent que de quelques trains ou autobus par jour et les taxis peuvent être difficiles à trouver.

Heureusement, dans la plupart des communes, des centres d'information gérés par des associations touristiques locales ont été créés. Il existe un nombre croissant de ces centres et d'auberges qui louent des bicyclettes, y compris certains modèles fonctionnant à l'électricité. Vous pouvez également laisser vos bagages auprès de ces centres pendant vos promenades.

Certains préfèrent louer des voitures, mais il faut se rappeler qu'au Japon, ces dernières sont conduites du côté gauche de la route. Le volant est à droite et certains panneaux de signalisation sont propres au Japon. De nombreux panneaux routiers sont écrits uniquement en japonais, ce qui peut causer des problèmes, notamment des accidents. Ainsi, les vélos sont plus sûrs. On peut s'en servir aussi sur les chemins des fermes et le long des sentiers forestiers. De plus, ils sont bons pour la santé, surtout pour ceux qui ne font pas assez d'activité physique. Dans tous les cas, il ne faut pas oublier de rester sur la gauche.

Si vous vous trouvez dans une région inconnue, il vaut mieux éviter de voyager trop longtemps ou trop loin. Si vous craignez une averse, prenez un imperméable plutôt qu'un parapluie. Au Japon, les règles de conduite à vélo sont strictes. Pour des raisons de sécurité, il est illégal de faire du vélo en tenant un parapluie ouvert ou en utilisant un téléphone portable. À Kyōto, où de nombreux touristes louent des bicyclettes, toutes ces informations ont été rassemblées dans un livret. Il est fourni gratuitement, alors veuillez vous y conformer.

❖ mots et phrases

☐ se déplacer 移動する

☐ volant ハンドル

☐ de plus さらに

☐ dans tous les cas とにかく

☐ rester sur la gauche 左側通行する

☐ pour des raisons de sécurité 安全
上の理由から

☐ rassemblées 編集する、まとめる

6 自転車

　都市部で動き回るなら、公共交通機関がおすすめです。しかし、地方の町や村に出かけたり、回ったりするとなると困ります。多くのところでは、電車やバスが通っていても一日に数本しか運行していないとか、タクシーを見つけるのが難しいことがありえます。

　幸運なことに、ほとんどの市町村では、地域の観光協会によって観光案内所が設置、運営されています。レンタルの自転車を備える案内所や旅館が増えています。電動式自転車も少なくありません。荷物もこれらの案内所や旅館で預けられます。

　レンタカーを利用する人もいますが、日本では車は左側通行であることを覚えておいてください。右ハンドルで、交通標識も日本独自のものがあります。道路標識が日本語でしか書かれていないところも多いので、事故を起こす心配があります。その点、自転車なら安全性は高いかもしれません。農道や林道などで乗ることもできます。さらに、運動不足の人には、自転車は健康的な選択肢です。ともかく、左側通行であることを忘れないでください。

　知らない場所にいるなら、遠くまで長時間旅行するのは避けるのがいいです。天候の変化が心配なら、傘ではなく雨合羽を用意すべきです。日本では、自転車の利用は厳しく規制されています。安全上の理由から、傘をさしたり電話を使いながらの運転は違法です。自転車利用の観光客が多い京都では、こうした情報を小冊子にまとめています。無料配布されているので、参考にしてください。

賛成・反対意見のサンプルを参考にして、自分の意見を文章にしてみましょう。

Pour 賛成

1. Les applications de navigation sur smartphone facilitent le cyclotourisme.
   スマートフォンのナビゲーションアプリのおかげで、観光客は自転車でツーリングしやすくなっています。

2. Louer une voiture est un excellent moyen de découvrir le côté rural du Japon.
   車をレンタルするのは、日本の田舎を体験するのにとてもよい方法です。

3. Les centres touristiques ruraux ont plus d'informations que celles disponibles sur Internet.
   地方の観光案内所には、インターネットで入手できる以上の情報があります。

4. L'augmentation du nombre de touristes dans les petites villes aura un impact positif sur l'économie locale.
   小さな町を訪れる観光客の増加は、地方経済に良い影響を与えるでしょう。

Contre 反対

1. Faire du vélo dans les campagnes montagneuses japonaises risque d'être trop difficile pour certains touristes.
   日本の山がちな田舎でサイクリングをするのは、観光客によっては大変すぎるかもしれません。

2. Les cyclistes étrangers ne respectent souvent pas les règles de la circulation, notamment les panneaux d'arrêt.
   外国人サイクリストは交通規則、特に「止まれ」の標識に従わないことが、しばしばあります。

3. Les limites de vitesse au Japon posent souvent un problème aux conducteurs étrangers.
   外国人ドライバーには、日本の制限速度の低さに納得がいかないことがしばしばあります。

4. Le personnel de nombreux hôtels et restaurants du Japon rural ne parle pas anglais.
   日本の地方のホテルやレストランの多くには、英語が話せるスタッフがいません。

7 Les pèlerinages

Le nombre d'étrangers qui s'intéressent à la culture pop japonaise a augmenté. Ils sont attirés par les mangas, les anime et les jeux vidéo, notamment. De plus, le *cosplay*, un mot-valise formé de deux termes anglais « costume » et « playing », s'est répandu partout à travers le monde. Le cosplay consiste à s'habiller et à se comporter comme les personnages principaux d'une histoire. C'est une activité issue de la culture pop qui requiert un pèlerinage au Japon.

Bien sûr, normalement, le mot pèlerinage nous fait penser à la religion et aux voyages entrepris par des croyants. Cependant, dans la culture pop japonaise, le terme fait référence à des visites de lieux qui apparaissent dans des mangas ou des anime afin de revivre les scènes marquantes.

Des exemples récents de sites de pèlerinage proviennent de « Kimi no na wa » (« Your Name »), un anime au succès majeur. Les lieux populaires du film sont le sanctuaire de Suga dans le quartier de Yotsuya à Tokyo, la ville de Hida dans la préfecture de Gifu et le lac Suwa dans la préfecture de Nagano. Il y a quelque temps, l'anime « Slam Dunk » a été présenté dans les cinémas japonais. Maintenant, après avoir été diffusé à la télévision, il est devenu populaire à Taïwan. Une scène de tournage, un passage à niveau se trouvant à Kamakura, est devenue un lieu de prise de photos branché pour les visiteurs taïwanais.

À l'automne 2016, les industries de l'anime et du manga ont créé Anime Tsūrizumu-kyōkai (Association du tourisme de l'animé). Cela anticipait le boom des pèlerinages. Dans tout le pays, 88 sites ont été désignés lieux de pèlerinage. En outre, le Nihon-seifu-kankō-kyoku (l'Office national du tourisme japonais ou JNTO) a utilisé son site Internet en français pour présenter la culture de l'*otaku** et des sites de pèlerinage.

> * *otaku* : « rester chez soi », décrivant une personne obsédée par les jeux vidéo, les mangas, et les anime.

❖ **mots et phrases**

☐ **croyants**　熱心な信者　　　　☐ **anticipait**　〜を見込む

☐ **revivre**　〜を疑似体験する　　☐ **désignés**　指定する

☐ **il y a quelque temps**　けっこう前に　☐ **utilisé**　〜を活用する

7 聖地巡礼

　日本のポップカルチャーに興味を持つ外国人が増えています。彼らは漫画、アニメ、そしてテレビゲームに魅了されているのです。それに加え、コスプレも世界各地に広がっています。コスプレは、物語の主人公のように衣装を身につけ、振る舞うことです。それでも、日本に来ないとできない楽しみの一つが聖地巡礼です。

　もちろん、聖地巡礼という言葉は、普通は宗教の敬けんな信者が、聖人ゆかりの地を訪れることを示唆します。しかし、日本のポップカルチャーの場合は、漫画やアニメに登場する場所を訪れて、疑似体験することを意味します。

　聖地巡礼の近年の例では、大ヒットしたアニメ『君の名は。』に取り上げられた場所があります。映画での人気の場所は、東京・四谷の須賀神社、岐阜県の飛騨市、そして長野県の諏訪湖です。アニメ『スラムダンク』は、日本の劇場でだいぶ前に公開されました。台湾ではテレビ放映されて、最近人気になっています。鎌倉にある踏切が、台湾人に人気の撮影スポットになっています。

　2016年秋、アニメや漫画の業界がアニメツーリズム協会を発足させました。こうした聖地巡礼ブームを予測したのです。全国で88ヵ所が聖地に認定されています。加えて、日本政府観光局（JNTO）は、日本のオタク文化や聖地巡礼を紹介するのにも、フランス語版のWEBサイトを活用しています。

あなたはどう思う？

賛成・反対意見のサンプルを参考にして、自分の意見を文章にしてみましょう。

Pour 賛成

1. Les pèlerinages amènent des gens dans des régions du Japon où ils ne voyageraient généralement pas.

聖地巡礼は、日本を旅行するときは通常訪れないような地域に人々を呼び込みます。

2. Le cosplay donne aux étrangers une image amusante et unique du Japon.

コスプレは、日本の楽しいイメージを外国人に伝えています。

3. Les touristes dépensent beaucoup d'argent en souvenirs, ce qui aide l'économie locale.

観光客は土産物にたくさんのお金を使い、地域経済に貢献しています。

4. L'appui du gouvernement à la culture *otaku* est bon pour la réputation du Japon à l'étranger.

オタク文化を政府が支持することにより、海外での日本の評判に好影響を与えています。

Contre 反対

1. De nombreux sites de pèlerinage ne sont pas conçus pour les touristes.

多くの聖地は観光客向けに整備された地域ではありません。

2. Trop de touristes peuvent perturber la vie quotidienne de la population locale.

観光客が多すぎると、地元の人々の日常生活を乱すかもしれません。

3. La culture de l'anime donne aux étrangers une fausse image du Japon.

アニメ文化は、日本の誤ったイメージを外国人に与えます。

4. La culture *otaku* n'étant qu'un phénomène temporaire (une bulle, en soi), le gouvernement ne devrait pas investir trop d'argent dans sa promotion.

オタク文化は一時的な流行なので、その振興にお金を投資しすぎるべきではありません。

8 Le *onsen*

Le Japon est une chaîne d'îles volcaniques. Ainsi, où que vous alliez, vous trouverez un volcan. Même le Mont Fuji, malgré son apparence élégante, en est lui aussi un exemple. N'ayant pas érupté depuis 1707, il est classé comme volcan en sommeil. Partout où il y a des volcans, il y a aussi des sources thermales, les *onsen*, où l'eau chaude jaillit des veines souterraines. Depuis les temps anciens, les Japonais aiment les *onsen* et les visitent fréquemment pour se soigner ou pour se détendre.

Les *onsen* ne sont pas simplement de l'eau chaude. Ils sont un mélange de divers éléments minéraux. Ceux-ci ajoutent de la couleur et changent la texture de l'eau. De plus, ces éléments ont des effets bénéfiques sur la santé. Les *rotenburo* (bains en plein air) donnant sur un magnifique paysage sont une autre attraction à considérer.

Le charme et les attraits des *onsen* ont fini par se faire connaître même auprès des étrangers. Il y a eu beaucoup de visiteurs aux célèbres stations thermales telles que Hakone et Kusatsu. Les lieux tels que Kinosaki Onsen près de Kyōto dans la préfecture de Hyōgo, Ikaho Onsen dans la préfecture de Gunma et Unzen Onsen dans la préfecture de Nagasaki sont également devenus populaires. Et n'oublions pas le Jigokudani Onsen dans la préfecture de Nagano.

Ce dernier est surtout reconnu pour le fait que les singes des neiges viennent s'y baigner en hiver. Parmi les passionnés de *onsen*, des informations détaillées se sont répandues à l'étranger. Ils connaissent l'existence de petits *onsen* secrets dans les montagnes et de *onsen* mixtes.

Il faut cependant faire attention. Les mœurs des étrangers qui ne sont pas habitués à partager un bain créent parfois des problèmes. Dans son édition au Japon, le célèbre site Tripadvisor a créé un site intitulé *How to Enjoy Onsen* (« Comment profiter du *onsen*. »). Il explique leur histoire et leurs avantages. Il conseille également aux visiteurs de se laver avant d'entrer dans le bain, puis de s'habituer à la température élevée de l'eau en se versant de l'eau du bain avant de s'y immerger. Le site est entièrement écrit en anglais.

❖ mots et phrases

☐ volcan en sommeil　休火山

☐ éléments　成分

☐ singes des neiges　スノーモンキー
（冬季、温泉につかるニホンザルの愛称）

☐ passionnés　マニア、熱狂者

☐ ne sont pas habitués à　〜の習慣
がない

8 温泉

　日本は火山列島で、どこへ行ってもいたるところに火山があります。あの優美な姿を見せている富士山でさえ、火山です。1707年以来活動を休止しているので、休火山と分類されています。火山があるということは、温泉があるということです。温泉は、熱せられた地下水脈から吹き出してきます。日本人は古代から温泉をこよなく愛し、しばしば治療や休息のために温泉に出かけています。

　温泉は、熱いお湯が出ているだけではありません。地球内部のさまざまなミネラル成分が溶け込んでいます。これらがお湯に色をつけたり、肌触りに変化をもたらしているのです。それに加え、健康上のプラス面もあります。また、露天風呂から美しい景色を楽しめるのも、もう一つの魅力です。

　温泉の魅力は、外国人にも知られるようになってきました。箱根や草津など、有名温泉地にはたくさんの外国人が訪れています。京都に近い兵庫県の城崎温泉、群馬県の伊香保温泉、長崎県の雲仙温泉なども人気が出ています。また長野県の地獄谷温泉も忘れないでください。冬場に温泉に入りにくるスノーモンキーでよく知られています。温泉に関する詳細な情報は外国にも広まっていて、世界中の温泉マニアに届いています。こういう人たちは、山奥の秘湯や混浴温泉のことも知っているのです。

　でも、少し注意が必要です。他人と一緒に入浴する習慣がない外国人のマナーが、ふとしたことからトラブルになることもあります。有名な旅行ナビサイト「Trip Adviser」の日本版では、「How to Enjoy ONSEN*」というサイトを設けています。そこでは、温泉の歴史と効用を紹介しています。また、湯船につかる前には体を洗って、それからかけ湯をしてお湯の温度に慣れるようにとアドバイスもしています。サイトは全て英語で書かれています。

賛成・反対意見のサンプルを参考にして、自分の意見を文章にしてみましょう。

Pour 賛成

1. Les *onsen* sont un moyen facile et peu coûteux de découvrir la culture japonaise quotidienne.
   温泉は、日本の日常の文化を体験するのに、安上がりで簡単な方法です。

2. Les bains d'eau minérale sont relaxants et bénéfiques pour la peau.
   ミネラルを含んだ温泉水のお風呂はくつろげて、肌にも良いのです。

3. De nombreux *onsen* sont situés près des domaines skiables, pour ceux qui souhaitent profiter des deux plaisirs en même temps.
   温泉の多くはスキー場のそばにあり、スキーヤーにとっては最高です。

4. Les *onsen* sont un aspect de la culture japonaise que tout touriste devrait connaître.
   温泉は全ての観光客が体験するべき、日本の文化の一部です。

Contre 反対

1. Il est dangereux pour les touristes de s'approcher trop près des volcans.
   観光客が火山に近づきすぎるのは危険です。

2. Certains bains contiennent des minéraux qui peuvent décolorer les bijoux.
   温泉の水質によっては、貴金属を変色させるミネラルが含まれています。

3. Trop de touristes visitant de petits *onsen* secrets en gâcheront le charme.
   小さな秘湯を訪れる観光客が多すぎると、その魅力が台無しになります。

4. Cela peut être coûteux pour les petites entreprises de fournir des instructions en anglais.
   英語の説明書を作るのは、小さな温泉にとっては費用がかかりすぎます。

* http://tg.tripadvisor.jp/enjoy-onsen/

9 Le kimono

Le kimono est un vêtement japonais traditionnel à manches larges. Parmi les expériences de la culture japonaise traditionnelle que pratiquent les femmes étrangères, celle du kimono est la plus populaire. Vous pouvez louer un kimono sur les principaux sites touristiques, puis vous promener dans la ville. De même, le kimono d'été décontracté, appelé *yukata* en japonais, est un souvenir très apprécié des visiteurs étrangers.

Mettre et porter un kimono de manière correcte est très difficile. Même pour les Japonais, la plupart des jeunes reçoivent de l'aide dans les salons de coiffure. De nos jours, certains kimonos sont divisés en une partie supérieure et une partie inférieure, maintenues par un simple *obi*. Un *obi* est une large ceinture décorative qui est nouée sur le kimono au niveau de la taille.

Si vous pensez qu'il manque quelque chose à votre kimono, vous pouvez y ajouter des accessoires, par exemple un sac (*fukuro-mono*), un éventail (*sensu*), un mouchoir en soie (*fukusa*), ou un sachet d'encens (*nioi fukuro*), avec ses délicieux parfums… Les épingles à cheveux ornées (*kanzashi*) et les sabots en bois (*geta*) sont également populaires. En été, l'éventail rond (*uchiwa*) est un élément indispensable. Bien sûr, la façon de marcher est aussi importante.

Vous devez marcher sans hâte, avec de petits pas et avec les orteils pointés vers l'intérieur.

Il est courant que les visiteurs étrangers fassent une erreur avec leurs kimonos. Ils plient le devant en rabattant le côté droit sur la gauche. Dans les vêtements de style occidental, les femmes sont habituées à porter le côté gauche près du corps. Ceci s'appelle *hidarimae*. Mais pour le kimono, les hommes et les femmes doivent plutôt faire le *migimae*, avec le côté droit près du corps. *Hidarimae* est utilisé uniquement pour habiller les morts lors des funérailles. Pour cette raison, on le prend pour un mauvais présage, et on qualifie les personnes en difficulté financière d'*hidarimae*.

❖ mots et phrases

☐ à manches largess　広袖の　　　☐ mouchoir en soie　ふくさ

☐ principaux　主要　　　　　　　　☐ ornées　飾り立てた

☐ large ceinture　幅広の帯　　　　　☐ sabots en bois　木靴

☐ décorative　装飾的な　　　　　　☐ présage　お告げ、前兆

9

Le kimono

着物

　着物は袖の広い、伝統的な日本の装いです。外国人女性にとって、着物を着るのは一番人気がある日本の伝統文化体験です。有名な観光地では着物をレンタルすることが可能です。着物を着て町を散歩することができるのです。同様に、カジュアルな夏用の着物は「浴衣」と呼ばれ、外国人観光客に人気があるお土産です。

　着物を正式に着付けるのはなかなか難しいものです。日本人でも、若い人の多くは美容院で着付けてもらっています。最近では、着物を上下のパーツに分けたものもあります。これらを留めて、簡単な帯をつけるのです。帯とは、着物の上で腰の回りに結ぶ幅広の装飾的なものです。

　着物だけでは物足りないという人は、アクセサリーを加えることができます。袋ものや扇子、ハンカチのかわりにふくさや、よい香りのする匂い袋を持ち歩く人もいます。かんざしや下駄も人気があります。夏には、うちわと呼ばれる丸型の扇子も必須アイテムです。もちろん、歩き方も大事です。歩幅を小さくした小股、爪先を内側に向けた内股でゆっくり歩かなければなりません。

　外国人の着物体験で失敗しがちなことが一つあります。着物を前で合わせる際に、右を左の上側にしてしまうことです。洋服では、女性は左側を体により近い側として着ることに慣れています。これを左前と言います。着物は、男性も女性も右前、右側を体に近い方にして着なければなりません。左前は、お葬式の際、亡くなった人に着物を着せる際だけ用いられます。そのため、悪い前兆であり、不運をもたらすと言われています。とくに人がお金に困るようになることを「左前になる」と言います。

あなたはどう思う？

賛成・反対意見のサンプルを参考にして、自分の意見を文章にしてみましょう。

Pour 賛成

1. Le port du kimono fait de chaque occasion une occasion spéciale.
   着物を着ることで、あらゆる状況が特別なものと感じられるようになります。

2. Un *yukata* est très confortable à porter les chaudes journées d'été.
   浴衣は、夏の暑い日に着るととても心地よいです。

3. Tout le monde est beau en kimono.
   着物を着れば、誰でも素敵に見えます。

4. Les accessoires de kimono font d'excellents cadeaux pour les invités étrangers.
   着物のアクセサリーは、外国人のお客様への素晴らしい贈り物になります。

Contre 反対

1. Un kimono n'est pas pratique dans la vie quotidienne.
   着物は日常生活には実用的ではありません。

2. Il est beaucoup trop cher de faire nettoyer un kimono.
   着物のクリーニングはあまりにも費用がかかりすぎます。

3. Beaucoup de gens gaspillent de l'argent en achetant un kimono qu'ils ne portent qu'une seule fois.
   多くの人々が、一度しか着ない着物に無駄なお金を使っています。

4. Porter un kimono dans une zone touristique risque d'attirer beaucoup d'attention indésirable.
   観光地で着物を着ると、望みもしないのに注目を浴びることになります。

10 Le *seiza*

Parmi les activités japonaises traditionnelles sont la cérémonie du thé, la composition florale et la méditation Zen. Les participants doivent généralement enlever leurs chaussures et s'asseoir sur le tatami. La position assise formelle, appelée *seiza*, est souvent très inconfortable pour les étrangers. Peut-être que les étudiants en arts martiaux ou les musulmans en prière dans une mosquée y sont habitués, mais la plupart des visiteurs étrangers ne seront jamais assis de cette manière pour plus de quelques minutes.

Le terme signifie littéralement « être assis de la bonne manière ». En gardant les deux jambes jointes, on plie les genoux et pose le derrière sur les talons. Les chevilles doivent être à plat avec le dessus des pieds sur le sol. On doit s'asseoir avec le haut du corps droit. C'est la posture la plus élégante et la plus polie. Dans le passé, lorsqu'un prêtre bouddhiste chantait des sutras à une occasion spéciale, surtout à des obsèques, on était censé être assis de cette manière. Ceux qui en étaient incapables étaient considérés comme ayant été mal élevés à la maison.

Néanmoins, il est difficile et douloureux même pour les Japonais de rester assis très longtemps dans la position *seiza*. Au moins une ou deux fois, chacun de nous a éprouvé un engourdissement dans les jambes. Il y a cependant quelques astuces. Par exemple, on peut s'asseoir avec le derrière sur le sol entre les pieds. De plus, on peut mettre le poids du corps sur les gros orteils. Il y a aussi des personnes qui apportent une petite chaise pliante.

Les Japonais sont généralement compatissants envers les étrangers qui ne peuvent pas rester assis à la *seiza*. S'asseoir en tailleur est également acceptable, même avec les genoux levés. À mesure que la population japonaise vieillit, de nombreux visiteurs de temples ont de plus en plus de soucis de santé. En conséquence, de nombreux temples ont renoncé à la coutume de s'asseoir par terre et fournissent des chaises. Prendre part à la cérémonie avec une attitude calme et humble est plus important que de maintenir une posture correcte.

❖ mots et phrases

☐ méditation 瞑想

☐ participants 参加者

☐ dessus des pieds 足の甲

☐ chantait 唱える

☐ obsèques 葬儀

☐ engourdissement しびれ、重み

☐ compatissants 同情の念を抱いた

☐ s'asseoir en tailleur 床にあぐらをかいてすわる

☐ soucis de santé 健康の問題

10

Le *seiza*

正座

　茶道、華道、座禅は伝統的な日本の活動です。参加する人は通常、靴を脱いで畳の上に座らなければなりません。正座と呼ばれる正式な座り方はたいてい、外国人には非常に座り心地の悪いものです。武術を学んでいる人やモスクでお祈りをするイスラム教徒は慣れているかもしれません。しかし、ほとんどの外国人訪問者は、このような姿勢で長時間座った経験はありません。

　正座とは「正しい座り方」の意味です。両足をそろえ、膝を折りたたみ、かかとの上にお尻を乗せます。足首をまっすぐにして足の甲を床につけます。上半身を伸ばして座らなければなりません。これが最も上品な礼儀正しい姿です。かつては、葬儀などで僧侶がお経をあげている間、この座り方が求められました。それができないと、家庭でのしつけができていないと思われたものです。

　でも、長い時間このように座っているのは、日本人にとっても苦痛なのです。足がしびれた経験を誰もが少なくとも一度や二度はしています。そこで、いくつかのコツがあります。例えば、お尻を足の間に入れ、床につけて座るのです。さらに、足の親指に体重を乗せた方がいいです。折りたためる小さな座椅子を用意する人もいます。

　正座ができない外国人に対して、日本人は一般的に寛容です。あぐらをかいても、両膝を立てても大丈夫です。日本では急速に高齢化が進むにつれ、お寺に行く信徒も足腰が弱ってきています。それに応じて、多くのお寺では床に座らせるのをやめました。その代わりに椅子を用意しています。カタチよりも、謙虚で静かな心で参加する方がもっと大切なのです。

賛成・反対意見のサンプルを参考にして、自分の意見を文章にしてみましょう。

Pour 賛成

1. Être assis chaque jour dans la position *seiza* fortifie la vigueur et la flexibilité musculaires.
   毎日正座をすると、筋肉の強度と柔軟性が鍛えられます。

2. La position *seiza* améliore la posture.
   正座は姿勢を良くします。

3. Lors de la cérémonie du thé *Ryūrei*, les invités s'assoient sur des chaises plutôt que dans la position *seiza*.
   立礼式の茶道では、客は正座するのではなく、椅子に座ります。

4. Il est presque impossible de s'endormir dans cette position.
   正座をしていると、居眠りはほぼ不可能です。

Contre 反対

1. Le *seiza* peut être très difficile si vos vêtements sont trop serrés.
   着ている服がきつすぎると、正座をするのがとても困難なことがあります。

2. S'asseoir dans la position *seiza* est une tradition dépassée.
   正座で座るのは時代遅れの伝統です。

3. Se débattre pour se lever après une longue séance en position *seiza* peut être embarrassant.
   長時間正座した後、立ち上がるのに苦労をするのは、恥ずかしいです。

4. La position *seiza* peut rapidement user l'étoffe des pantalons au niveau des genoux.
   正座で座ることが多すぎると、ズボンの膝が擦り切れるかもしれません。

11 Le *minpaku*

Depuis ces dernières années, les touristes se servent d'Internet non seulement pour faire du tourisme, mais aussi pour chercher des logements. De plus en plus de gens utilisent des sites tels que Airbnb et Couchsurfing pour trouver des lieux de séjour lors de leur voyage. Plutôt que d'appeler une agence, les gens choisissent un réseau direct de particulier à particulier. Cette méthode pour trouver un hébergement bon marché ou parfois même gratuit s'est rapidement répandue dans le monde entier. Au Japon, le terme *minpaku* signifie « loger chez des particuliers ».

Les Jeux olympiques de Tokyo 2020 approchent à grands pas. Pour le moment, en particulier dans les grandes agglomérations, le manque de logements devient un grave problème. Il n'est pas seulement difficile de faire une réservation : même lorsque l'on y réussit, les tarifs sont souvent très élevés. Le gouvernement est fortement en faveur du *minpaku*, tandis que le secteur japonais de l'hôtellerie et des auberges y est fortement opposé. Pendant ce temps, la déréglementation ne progresse pas. En conséquence, certains hôtes de *minpaku* fonctionnent illégalement. Les logements de ce genre sont appelés *moguri minpaku*—littéralement « sous-marins ».

En l'absence de réglementation, les auberges non autorisées

consistent parfois en de petites pièces sales dans des établissements de mauvaise qualité. Ils sont aussi à l'origine de problèmes d'ordures et de bruits dans les environs immédiats. Le résultat est une mauvaise réputation pour le *minpaku* en général. Cependant, à Osaka, à Kyoto et dans le quartier Ōta de Tokyo, les gouvernements locaux achètent des logements privés. Ils effectuent des réparations et en prennent le contrôle ainsi que la gestion. Ils espèrent que cela contribuera à l'augmentation du nombre de visiteurs étrangers. D'une manière générale, la situation s'améliore.

À l'heure actuelle, les *minpaku* qui jouissent d'une bonne réputation sont ceux créés par les jeunes gens d'après le modèle des auberges de jeunesse. De plus, les gouvernements dans les zones rurales recommandent les fermes de séjour, qui sont d'ailleurs un bon moyen de découvrir la campagne japonaise.

❖ mots et phrases

☐ **de particulier à particulier** 個人対個人の

☐ **grandes agglomérations** 大都市圏

☐ **en faveur du** ～を支持している

☐ **déréglementation** 規制緩和、規制撤廃

☐ **de mauvaise qualité** 劣悪な

☐ **réputation** 評判

☐ **achètent** 買い上げる

11

Le *minpaku*

民泊

　近年、観光客は観光目的だけでなく、宿泊先の検索にもインターネットを使っています。旅行中の滞在先を、エアビーアンドビー (Airbnb) やカウチサーフィン (CouchSurfing) などのサイトを使って見つける人が増えています。代理店に電話するのではなく、直接人と人とを結ぶネットワークを選んでいるのです。安価な、あるいは無料のこともある宿を見つけるこの方式はあっという間に世界中に広まっています。これは日本では「民泊」という語で、民家における宿泊を意味します。

　東京2020オリンピックが近づいてきました。現在、とくに大都市圏での宿泊施設不足が非常に深刻な問題になっています。なかなか予約がとれないだけでなく、とれても非常に高い価格になりかねません。政府は民泊を強く支持しています。しかし、ホテルや旅館の業界が猛反対していて、規制緩和はあまり進んでいません。そのため、民泊を提供している人の中には非合法で営業している人もいます。メディアはこれを「モグリ民泊」と呼んでいますが、それは、「隠れてやる宿泊」を意味します。

　規制がないため、ときとしてモグリ民泊は狭くて汚いなど劣悪な施設であったりすることがあります。ゴミや騒音で近隣に迷惑をかけることも、ときどき発生しています。結果的に、民泊全体にとって良くない評判となっています。しかし、大阪府や京都府、東京の大田区では、地方自治体が民間住宅を買い上げています。住宅を改修し、運営を担当しています。これが、増加する外国人を受け入れる助けとなることを望んでいるのです。全体としては、改善される方向に進んでいます。

　現時点で評判が良い民泊は、若い人たちが始めているゲストハウスタイプのホステルです。それに加えて、地方の自治体は農家民宿をすすめています。これは、日本の地方都市を発見するにもいい方法です。

賛成・反対意見のサンプルを参考にして、自分の意見を文章にしてみましょう。

Pour 賛成

1. Les *minpaku* sont plus conviviaux que les hôtels d'affaires.
民泊はビジネスホテルよりも親しみが持てます。

2. Avec les *minpaku*, il y a plus de possibilités d'échanges culturels.
民泊の方が、文化的な交流を持てる機会が多くあります。

3. Les *minpaku* offrent une excellente occasion de rencontrer d'autres touristes.
民泊では、他の旅行者と出会う大きなチャンスがあります。

4. Les *minpaku* sont une nouvelle façon intéressante de voyager.
民泊は旅を楽しむための新しくて面白い方法です。

Contre 反対

1. Loger chez un inconnu peut être gênant.
個人宅に宿泊するのは、不便かもしれません。

2. L'absence de réglementation peut être une source de risques.
規制がないため、時には宿泊するのにリスクを伴う可能性があります。

3. Les *minpaku* n'offrent pas la détente d'un hôtel.
民泊はホテルに宿泊するほどくつろげません。

4. Les *minpaku* sont généralement loin de la gare et du centre-ville.
民泊はたいていの場合、駅や繁華街から離れています。

3

Repas et Boissons

飲食

12 Le bento

Si l'on est très riche, peu importe où l'on va. On peut profiter du plus haut niveau de luxe dans tout. Cependant, ceux qui ne sont pas riches sont obligés d'économiser et de mettre de l'argent de côté. Cette dernière mentalité nous rappelle l'expression japonaise *mottainai*, qui signifie « quel gâchis » !

Donc, si vous voulez économiser de l'argent sur les repas, vous devriez acheter un bento. Dans ce cas, le mot ne désigne pas *ekiben*, c'est-à-dire les boîtes-repas vendues dans les gares. Il s'agit de produits alimentaires en barquettes bon marché vendus dans les supérettes, les supermarchés ou les chaînes de restauration spécialisées dans les bentos tels que Hotto Motto. À l'heure du déjeuner, ils sont tous mis dans le même rayon. La plupart peuvent être achetés pour moins de 500 yens. Et, selon le magasin, cela peut inclure une soupe de miso ou du thé. S'ils sont vendus tard dans la journée, ils pourront être achetés à prix réduits. Il n'y a cependant pas lieu de s'inquiéter de la sécurité alimentaire, car le Japon a des normes élevées de contrôle de la qualité.

Il y a plusieurs raisons de promouvoir le bento. La variété, le faible coût, le bon goût, une nutrition relativement bien équilibrée et une présentation esthétique sont tous de bons points. De plus, les bentos offrent un avant-goût de la culture locale, la nourriture quotidienne des gens ordinaires.

Les barquettes de bento en plastique vendues dans les magasins sont jetables, mais les boîtes que les Japonais utilisent pour eux-mêmes et pour leur famille sont très attrayantes. Les mères prennent grand soin de préparer des bentos originaux pour leurs enfants.

❖ mots et phrases

☐ luxe　贅沢

☐ économiser　節約する

☐ contrôle de la qualité　品質管理

☐ nutrition　栄養

☐ présentation esthétique　見栄え

☐ jetables　使い捨てできる

Le bento
弁当

あなたが大変なお金持ちなら、どんなところに行こうと大丈夫です。何ごとにおいても最高級の贅沢を味わえます。一方、そうでないなら、お金は節約しなければなりません。使う必要のあるときのためにお金をとっておきます。そうした倹約の心がけは、「無駄にしてはいけない」という意味の「もったいない」という日本語を思い起こさせます。

食において節約するなら、弁当を買うべきです。ここで言う弁当とは、駅で売っている駅弁ではありません。コンビニやスーパーマーケット、あるいは「ほっともっと」のような弁当専門チェーン店で売っている安価なランチものです。昼食時に全て一緒に並べられます。ほとんどが500円以下で買うことができます。店によっては、味噌汁かお茶もつきます。しかし、少し時間を過ぎたら、割引き価格で販売されるかもしれません。日本は品質管理の基準が高いので、衛生上の問題を心配する必要もありません。

弁当をすすめる理由はたくさんあります。種類が豊富である、安い、美味しい、比較的栄養バランスが良い、盛り付けが美しい、などが良い点です。それに加えて、地方色も味わえる庶民の日常食なのです。

店で売られる弁当のプラスチック容器は使い捨てです。しかし、日本人が自分や家族のために使うお弁当の容器は、とても魅力的なものがあります。お母さんは子供のためにとても心を込めてオリジナルのお弁当を作っています。

あなたはどう思う?

賛成・反対意見のサンプルを参考にして、自分の意見を文章にしてみましょう。

Pour 賛成

1. Il y a de nombreux endroits pour acheter des bentos rapidement et facilement.
弁当を素早く簡単に買うことのできる場所はたくさんあります。

2. Chaque magasin propose une grande variété de bentos.
どの店でもいろいろな種類の弁当が販売されています。

3. Les magasins vendant des bentos proposent souvent d'intéressantes promotions sur des menus mensuels.
弁当を販売する店では、興味をそそる月間メニューを販売していることがよくあります。

4. Il est facile de retrouver vos aliments ou plats préférés vendus sous forme de bentos.
お気に入りの、ほっとする食べ物が、弁当として売られているのを簡単に見つけることができます。

Contre 反対

1. Manger des bentos tous les jours peut être malsain.
毎日弁当を食べるのは不健康になる恐れがあります。

2. Nous devrions recycler les contenants jetables des bentos.
使い捨ての弁当の容器はリサイクルすべきです。

3. Les bentos qui n'ont pas été vendus devraient être donnés ou recyclés.
売れ残った弁当は慈善事業に寄付するか、リサイクルされるべきです。

4. Beaucoup préfèrent simplement aller acheter un bento à la supérette en guise de repas plutôt que de prendre le temps de cuisiner chez eux.
家で料理をする代わりに、コンビニ弁当にしてしまうことがよくあります。

13 Le curry

Avec les *rāmen*, le curry est un plat quotidien favori au Japon. On dit que la marine impériale japonaise l'a adopté de la marine britannique à l'ère Meiji. Aujourd'hui, vous pouvez trouver une large gamme de currys. Il y a le style européen pour lequel on fait longtemps mijoter les ingrédients. Le curry à la mode indienne, généralement mangé avec du chapati ou du naan, est également courant. La soupe au curry est une création de Hokkaidō. Le curry fait maison a de nombreux ingrédients. La consommation de ces différentes sortes de currys avec des *udons*, des *rāmen* ou des spaghettis au lieu du riz est également populaire.

Au Japon, le curry se mange généralement avec la sauce recouvrant le riz et s'appelle *karē-raisu*. Il y a des gens qui l'appellent « Rice Curry », mais cela ne veut pas dire que le riz va au-dessus de la sauce !

Concernant la consommation de curry, il y a deux modes récentes, dont la première est le « Dam Curry » (curry de barrage). Dans les régions du Japon où il y a de nombreux barrages, le plat a été adopté comme spécialité locale. Le riz représente la digue et la sauce ou la soupe le lac. La deuxième mode est le « Kanda Curry ». Il existe près de 400 restaurants de curry dans le quartier de Kanda à Tokyo. Le Grand Prix Kanda Curry est un événement annuel, et le restaurant du gagnant du concours devient alors très populaire.

La sauce au curry à la japonaise, en poudre ou en blocs, est facile à obtenir. Si vous avez envie de cuisiner, essayez-la. Même les Indiens, qui l'ont introduit au monde, sont surpris par sa commodité et son bon goût.

❖ mots et phrases

☐ avec　～と共に、～と並んで

☐ mijoter　とろとろ煮込む

☐ ingrédients　材料

☐ sauce　ソース

☐ modes　流行

☐ Grand Prix　グランプリ

☐ envie de　～したい気分である

13

Le curry

カレー

　ラーメンと並んで日本人が好む日常の食べ物がカレーです。明治時代にイギリスから日本海軍に伝わったと言われています。今日では、多様な種類が見られます。具材を長時間煮込んだ欧風カレーがあります。チャパティやナンと一緒に食べるインド風カレーも、また一般的です。スープカレーは北海道生まれ。自家製カレーには具材がたくさん入っています。ごはんの代わりに、うどん、ラーメン、スパゲッティにかけた色々なカレーも人気があります。

　日本では、ルウをごはんの上にかけて食べるのが一般的で、「カレーライス」と呼ばれています。「ライスカレー」と呼ぶ人もいますが、カレーの上にライスをのせるという意味ではありません。

　カレーに関して最近の流行が2つあります。1つは「ダムカレー」です。ダムがたくさんある日本の各地域で、地元の名物になっています。これはライスをダムの止水壁に、ルウやスープをダム湖に見たてたものです。2つ目は「神田カレー」です。東京・神田には400店近くのカレー店が集まっています。その中からNo.1を決める「神田カレーグランプリ」というイベントが毎年開催されています。ここで上位入賞した店が、超人気店になります。

　ルウを顆粒ないし固形にしたものは、今では簡単に手に入ります。料理したい気分になったら、ぜひ試してください。この便利さと美味しさには、カレー発祥地のインドの人もビックリです。

賛成・反対意見のサンプルを参考にして、自分の意見を文章にしてみましょう。

Pour 賛成

1. Le curry peut être préparé avec de nombreux ingrédients différents.

カレーは多くのさまざまな材料を使って作ることができます。

2. Les personnes de tous âges mangent du curry, c'est donc un repas incontournable pour les grandes familles.

あらゆる世代の人々がカレーを食べるので、大家族にとっては楽な食事です。

3. Même les petits supermarchés vendent une grande variété de roux de curry.

小さなスーパーマーケットでもいろいろな種類のカレールウを売っています。

4. Les restes de curry peuvent être conservés au congélateur pendant une longue période.

残り物のカレーは冷凍庫で長期間保存できます。

Contre 反対

1. Certains magasins utilisent des viandes de qualité médiocre dans leur curry.

カレーショップの中には、質の低い肉をカレーに使っているところもあります。

2. Manger du curry trop souvent peut faire grossir.

カレーの食べすぎで太る可能性があります。

3. Le curry contient beaucoup de sodium, ce qui est mauvais pour la santé.

カレーには多量のナトリウムが含まれており、健康に良くありません。

4. Certaines personnes peuvent être surprises par la façon de manger le curry en soupe à Hokkaido.

北海道のスープカレーの食べ方には、当惑する人もいるかもしれません。

14 Les *rāmen*

Le nombre d'étrangers qui s'intéressent à la culture alimentaire japonaise est en augmentation. Cela ne concerne pas les produits alimentaires chers et de haute qualité tels que le *kaiseki ryōri*, qui caractérise la haute cuisine traditionnelle à plusieurs plats, mais plutôt les aliments de tous les jours, tels que les *rāmen*, les sushis sur tapis roulants, les bols de riz au bœuf et le curry. Tous ces plats sont devenus populaires au point que de grandes chaînes ont ouvert des magasins dans des villes du monde entier. C'est une bonne chose que les gens puissent avoir accès à ces restaurants dans leur propre pays. Néanmoins, la plupart des touristes au Japon veulent profiter d'une ambiance et d'une nourriture authentiques.

Parmi les plats japonais de tous les jours, les *rāmen* jouissent d'une grande popularité, de même que les sushis. À l'origine, les *rāmen* étaient un plat à base de nouilles consommé par les Chinois venus au Japon au 19e siècle. Le caractère chinois de la première syllabe signifie « étirer ». Comme les pâtes italiennes, la pâte de blé est étirée, roulée et hachée pour donner les nouilles des *rāmen*. Au 20e siècle, cette méthode s'est répandue dans tout le Japon.

Il y a d'innombrables variations dans le choix des soupes, des nouilles et des garnitures des *rāmen* japonais, et de nouvelles versions sont encore créées aujourd'hui les unes après les autres. Les tendances vont et viennent à un rythme effréné. On dit que pour 6 000 nouveaux restaurants ouverts chaque année, 5 000 d'entre eux font faillite. En plus de cela, il y a des *rāmen* locaux de toutes les régions du pays. Tout ce qui gagne en popularité peut être vendu sous forme de nouilles instantanées ou de « Cup Noodle » dans les supermarchés du Japon.

Il y a une différence remarquable entre les Japonais et la plupart des étrangers dans la façon dont ils mangent les *rāmen*. Alors que ces derniers mangent leurs nouilles tranquillement, les Japonais les dévorent à grand bruit. C'est la même chose pour les *soba* et les *udon*. Cela ne gêne pas la plupart de la population locale, mais certains non-Japonais trouvent ça grossier. Les Japonais devraient s'en souvenir lorsqu'ils reçoivent des visiteurs.

❖ **mots et phrases**

- ☐ haute cuisine　オート・キュイジーヌ《コースで出される高級料理》
- ☐ authentiques　本物の
- ☐ pâte　生地
- ☐ les unes après les autres　次々と
- ☐ vont et viennent　移り変わる
- ☐ à un rythme effréné　すさまじい、激しい
- ☐ dévorent à grand bruit　音を立てて飲食する

14

Les *rāmen*

ラーメン

　日本の食文化に関心を向ける外国人が増えています。それも懐石料理のような高級・高額な食品を言っているのではありません。ラーメン、回転寿司、牛丼、カレーなど、日常的な食べ物のことです。これらは全て人気が高く、大手チェーンが世界中の都市に出店するようになりました。それらの店を自国で体験できるのは素晴らしいことです。でも、ほとんどの旅行者は、日本で食べるだけでなく本物の雰囲気を味わいたいのです。

　日常的な日本の食べ物の中で、ラーメンは寿司と並んで人気があります。もともとラーメンは、19世紀に開国された日本に来た中国人たちが食べていた麺料理です。中国語の「拉」は引きのばすという意味です。イタリア料理のパスタと同様に、小麦粉で作った生地を伸ばして、転がし、切ってラーメンの麺ができます。20世紀になって、この作り方が国全体に普及したのです。

　日本のラーメンは、スープ、麺、具材などに無数のバリエーションがあります。しかも次々に新しいタイプのものが生まれています。流行も激しく移り変わっていきます。年に6,000軒新しい店舗ができて、5,000軒が廃業する、と言われています。その上、全国各地にご当地ラーメンがあります。人気を得たものはインスタントラーメンや「カップ麺」になって、全国のスーパーマーケットなどで販売されています。

　外国人と日本人とで、ラーメンの食べ方には大きな違いがあります。外国人は静かに食べ、日本人は音を立ててすすります。そばやうどんも同じです。音を立ててすすり込む日本人の食べ方は、他の日本人には迷惑ではありません。しかし、外国人の中にはこれは下品だと考える人もいます。ですから、お客さんが来たときはこのことを覚えておいてください。

あなたはどう思う？

賛成・反対意見のサンプルを参考にして、自
分の意見を文章にしてみましょう。

Pour 賛 成

1. La popularité des *rāmen* à l'étranger contribue au tourisme au
Japon.
海外におけるラーメンの人気は、日本の観光業に貢献しています。

2. Les *rāmen* sont bon marché et généralement faciles à trouver.
ラーメンは価格が安く、たいてい簡単に見つかります。

3. Plusieurs variétés de *rāmen* sont disponibles.
いろいろな種類のラーメンを食べることができます。

4. Les *rāmen* sont un bon choix de plat à manger quand on est
pressé.
ラーメンは急いでいるときに食べるのに向いている食べ物です。

Contre 反 対

1. Plus de 4 000 restaurants de *rāmen* ferment chaque année.
毎年4,000店以上のラーメン店が閉店しています。

2. Le bruit de succion des nouilles peut être choquant pour les
touristes étrangers.
麺をすする音は、外国人観光客に不快な思いをさせることがあります。

3. Avec sa teneur élevée en sel et en graisse, les *rāmen* sont
mauvais pour la santé.
塩分と脂肪分が高いので、ラーメンは健康に良くありません。

4. Manger les *rāmen* sans se salir peut être difficile pour les
touristes.
ラーメンは観光客にとって、きれいに食べられない食事となる場合があります。

15 Le *nabe*

Généralement, au moment des repas au Japon, chaque personne assise autour de la table reçoit son propre plat. Le *nabe-ryōri*, une sorte de pot-au-feu japonais, constitue une exception. Les ingrédients du *nabe* (marmite) sont cuits dans un grand bol sur la table, d'où chacun prend sa propre portion. Les deux variétés les plus connues sont le *sukiyaki*, un mélange de bœuf finement tranché et de légumes, et le *yosenabe*, qui ressemble à la bouillabaisse.

Le *nabe* a de nombreuses variétés régionales, se différenciant par leurs ingrédients et leur bouillon. Manger ce plat chaud est toujours un régal, surtout lorsqu'il fait froid. Tout d'abord, avec des ingrédients comme les fruits de mer, les légumes de saison et les champignons, le goût est fantastique. Deuxièmement, cela réchauffe tout le corps. Les voyageurs sont fascinés par la saveur locale et la manière de manger ce repas. En effet, cette expérience peut devenir l'un des événements les plus mémorables d'un voyage au Japon.

Voici quelques-unes des célèbres versions de *nabe* locales de tout le Japon. Le *sanpeijiru* de Hokkaido contient du saumon, du hareng et de la morue dans une soupe miso. Le *jappajiru* d'Aomori contient des entrailles de poisson bouillies et des légumes. Pour le *kiritanpo* d'Akita, ce sont des tubes de riz cuit écrasé autour de bâtons de cèdre. La préfecture de Yamagata a son *imoni*, qui se compose de taro et de porc ou de bœuf. Enfin, à Hakata sur l'île de Kyushu, on peut manger le *motsunabe*, qui contient des tripes et beaucoup de ciboulette chinoise.

Le plaisir du *nabe* ne se limite pas seulement au goût. Lorsque tout le monde est assis autour d'une marmite chaude, les liens entre la famille et les amis se renforcent. En particulier, le responsable de la cuisine s'appelle le *Nabe Shōgun* (le « général » du *nabe*). Le titre est utilisé moitié par plaisanterie et moitié par respect.

❖ **mots et phrases**

☐ exception　例外

☐ bouillon　出汁

☐ légumes de saison　季節の野菜

☐ entrailles　内臓

☐ enfin　最後に、そして

☐ tripes　(牛などの)胃袋、ハチノス

☐ ciboulette chinoise　ニラ

☐ par plaisanterie　冗談で

鍋

　一般的に言えば、日本では食事に際して、食卓を囲む人それぞれに料理が出されます。例外的なものが鍋料理です。これはテーブルで大きな鍋にこしらえた料理です。全員が同じ鍋からとって食べます。最もよく知られているのは、「すき焼き」と呼ばれる牛肉を薄くスライスした料理と、「寄せ鍋」と呼ばれるブイヤベースに似た料理です。

　鍋の種類は具材や出汁によって、それぞれの地方でさまざまな種類があります。料理を作りながら食べるのは、とくに寒い季節には最高です。なんといっても、魚介類、季節の野菜、きのこ類などの具材を使っているので、とてもいい味わいです。2つ目に、全身が温まります。旅行者には、その地方特有の味付けや食べ方が興味深いようです。確かに、食事は日本旅行の最も印象深い思い出の一つになるかもしれません。

　日本各地の有名な鍋料理をいくつか紹介します。鮭やニシン、鱈などを味噌スープに入れた北海道の「三平汁」。魚の内臓と野菜を煮た青森の「じゃっぱ汁」。潰したごはんを棒に円筒状に巻いたものが入るのは、秋田の「きりたんぽ」。里芋と豚肉または牛肉の入った山形の「芋煮」。大事なものを忘れていましたが、ハチノスと大量のニラが入った九州・博多の「もつ鍋」があります。

　鍋の楽しみは味わいだけではありません。みんなでにぎやかに一つの温かい鍋を囲むことで、家族や友人たちとの絆が強まります。とくに調理を担当する人を「鍋将軍」と呼びます。この言葉には、からかう気持ちと敬意が半分ずつ含まれています。

賛成・反対意見のサンプルを参考にして、自分の意見を文章にしてみましょう。

Pour 賛成

1. Les supermarchés vendent une grande variété de bouillons (*dashi*) pour le *nabe*.
スーパーマーケットではいろいろな種類の鍋の出汁が売られています。

2. Les restes de *nabe* font un excellent petit déjeuner.
鍋の残り物はとても美味しい朝食になります。

3. De nombreuses entreprises servent des *nabe* lors de fêtes de fin d'année.
多くの会社は忘年会で鍋を出します。

4. Le *nabe* est un excellent moyen de découvrir la culture alimentaire locale.
鍋は地域の食文化を経験するのにとてもよい方法です。

Contre 反対

1. Manger et se servir depuis le même plat n'est pas hygiénique.
同じ鍋をつつくのは非衛生的です。

2. Les cuisinières à gaz portables utilisées sur la table peuvent être dangereuses.
テーブルで使われるポータブルのガスコンロは、危険なことがあります。

3. Certaines personnes se sentent mal à l'aise à manger dans une marmite partagée.
他人と同じ鍋から物を食べるのに抵抗がある人もいます。

4. Le *nabe* n'est pas un plat d'été.
鍋は夏向きの料理ではありません。

16 Les douceurs japonaises

Les desserts et pâtisseries japonais gagnent en popularité parmi les visiteurs au Japon. Il y a bien sûr beaucoup de snacks à l'occidentale, comme les chips et les gâteaux européens. Cependant, ce que les visiteurs devraient chercher, ce sont les gâteaux traditionnels japonais, que l'on nomme *wagashi*.

Les sucreries japonaises traditionnelles ont leur origine dans les gâteaux servis lors de la cérémonie du thé. Pour chacune des saisons, il y a un motif. Au printemps, il peut s'agir d'une fleur de cerisier ou d'une feuille encore fraîche, en été d'un ruisseau frais ou d'un *ayu* (surnommé « poisson sucré »). En automne, il se peut qu'il s'agisse de feuilles aux couleurs de la saison. Le sens de la beauté japonaise, qui se confond avec ces images et ces couleurs, crée un objet qui semble trop beau pour être mangé. La plus grande partie de la douceur de ces gâteaux provient de l'*anko*, la pâte de haricots rouges sucrée.

Il y a deux types de douceurs pour le thé. Le premier, l'*omogashi* (*douceur principale*), est un produit saisonnier à base d'*anko*. Le second est le *higashi*, un *wagashi* sec semblable à un biscuit. La farine de riz est pressée dans un moule et une coloration y est ajoutée. Comme il ne contient pas beaucoup d'eau, il peut être conservé longtemps.

Il existe dans tout le Japon de nombreuses pâtisseries qui conti-
nuent à confectionner des douceurs à la manière traditionnelle.
Le *zunda-mochi* de Sendai est fabriqué à partir de soja vert. De
Fukui, il y a le *kuzu-manju* transparent, connu pour son apparence
rafraîchissante. Tokyo est célèbre pour son *anmitsu*, composé de
cubes de gelée (de *kanten* (agar-agar), par exemple), d'haricots
sucrés, de fruits assortis et d'une sauce à la mélasse.

❖ mots et phrases

☐ chercher　〜を探す

☐ motif　モチーフ

☐ moule　型

☐ eau　水分

☐ douceurs　お菓子

☐ transparent　透明な

☐ assortis　盛り合わせの

☐ sauce à la mélasse　糖蜜

16 和菓子

　来日した人の間で、日本のデザート、スイーツ類の人気が高まっています。もちろん、ポテトチップスのようなスナックや一般的なヨーロッパ風のケーキはたくさんあります。しかし、日本を訪れる人にぜひ注意して探してほしいのが、日本の伝統的な和菓子です。

　日本の和菓子は、お茶席で出される茶菓子がそのルーツです。季節ごとにモチーフがあります。春は桜や若葉かもしれません。夏には涼し気な清流や鮎。秋には紅葉。日本的な美意識が、これらのイメージや色と融合されて、食べるのが惜しいほど美しい一品が生まれます。甘味のほとんどは、砂糖と煮込んだ小豆から作られる餡です。

　茶菓子には大別して2種類あります。1つ目は主菓子で、これは季節ごとに餡から作られます。もう一つはクッキーに似た干菓子です。米粉を型に入れ、着色したものです。水分をあまり含まないので長期間保存がききます。

　日本各地には、伝統的な様式を守ってお菓子を作り続けている店がたくさんあります。仙台には枝豆から作る「ずんだ餅」、福井には涼し気な姿で知られる透明な「葛まんじゅう」があります。東京は寒天などの上に餡、色々なフルーツがのって糖蜜がかかった「あんみつ」が有名です。

あなたはどう思う？

賛成・反対意見のサンプルを参考にして、自分の意見を文章にしてみましょう。

Pour 賛成

1. Les douceurs japonaises ne sont pas aussi sucrées que celles d'outre-mer.
   和菓子は海外のものほど甘くありません。

2. La consommation de confiseries traditionnelles aide à préserver la culture culinaire japonaise.
   伝統的なお菓子を食べることが、日本の食文化を守ることになります。

3. Les douceurs à base d'*anko* se marient bien avec le café.
   あんこ味のお菓子はコーヒーによく合います。

4. Les douceurs au *matcha* gagnent en popularité à l'étranger.
   抹茶味のお菓子は、海外でますます人気が出ています。

Contre 反対

1. Les douceurs japonaises faites main sont plus chères que celles qui sont importées.
   手作りの和菓子は輸入菓子よりも高価です。

2. Généralement, seules les douceurs japonaises aux saveurs traditionnelles sont vendues.
   和菓子はたいてい伝統的な味のものしか売られていません。

3. Les magasins vendant des douceurs traditionnelles sont en baisse.
   伝統的なお菓子を販売する店の数は減少しつつあります。

4. Il y a moins de variétés de douceurs japonaises que de douceurs occidentales.
   和菓子は西洋の菓子よりもバラエティに乏しいです。

17 L'alcool

Avec la diminution de la population japonaise, la consommation d'alcool se réduit également d'année en année. En revanche, le volume des exportations de saké japonais est en augmentation. Les ventes établissent chaque année de nouveaux records. Le nombre de restaurants ou bars japonais est également en hausse à l'étranger. Et comme le saké accompagne généralement la cuisine japonaise, de plus en plus de non-Japonais se sont familiarisés avec son goût.

Les ingrédients du saké sont le riz, l'eau et le *kōji-kin* (moisissure du *kōji*). La variété la plus fine, *daiginjō*, est fabriquée à partir de riz blanc poli à plus de 60%. Il a un goût fruité pur et raffiné.

Le concours viticole le plus prestigieux au monde est l'International Wine Challenge. Une nouvelle catégorie a été créée en 2007 pour le saké. Tout vin y étant primé gagnera en popularité sur les marchés internationaux. Les fabricants japonais ont obtenu de bons résultats, non seulement dans la catégorie du saké, mais aussi dans celle du whisky et du vin.

Toutes les personnes qui aiment boire, non seulement les Japonais, ont leurs propres coutumes et habitudes. Au Japon, pour la première commande, il est courant d'entrendre quelqu'un dire

« *toriaezu bīru* », ce qui signifie « tout d'abord une bière ». Après cela, les gens commanderont leur boisson préférée, comme le *shōchū*, l'*awamori* d'Okinawa, le whisky ou le vin. Pour le *shōchū*, il existe de nombreux cocktails, avec de l'eau, de la glace, du thé, des sodas ou des extraits de fruits. Mais veuillez ne pas essayer toutes ces variétés en même temps. Vous risquez de le regretter après.

❖ mots et phrases

- ☐ en revanche 対照的に
- ☐ établissent de nouveaux records 新記録を立てる
- ☐ poli 削って

- ☐ raffiné 上品な
- ☐ prestigieux 権威のある
- ☐ extraits de fruits 果実エキス

お酒

　人口が減少している日本では、蒸留酒の消費量も年々減少しています。これと対照的に日本酒の輸出量は伸びており、年々最高記録を更新しています。海外で和食を提供する店やバーの軒数が増えています。日本酒は普通食事と一緒に出されることから、味になじみのある人が増えたためです。

　日本酒の原料は米と水と麹菌です。最高級の日本酒である大吟醸という種類は、米粒を元の大きさから60%以上も削って作られています。雑味がなく、上品でフルーティーな味わいになります。

　世界で最も権威ある酒のコンテストはインターナショナルワインチャレンジです。2007年SAKE部門が設けられました。ここで受賞すると、国際市場でも人気を得ることになります。日本の酒メーカーは、日本酒だけでなく、ウイスキーやワインなどの部門でも好成績を収めています。

　日本人に限らず、酒好きはみな自分独自のルールやこだわりを持っています。日本では、最初に誰かが「まずはビールから始めよう」という意味で「とりあえずビール」と注文するのを聞くことがよくあります。その後は焼酎、沖縄の泡盛、ウイスキー、ワインなどそれぞれ好きなものを注文します。焼酎の飲みかたにしても、お湯、ロック、お茶、ソーダ、果汁など割り方はさまざまあります。あまりに多様なので、一度に全部を試そうとしないでください。（二日酔いで）後悔するはめになります。

賛成・反対意見のサンプルを参考にして、自分の意見を文章にしてみましょう。

Pour 賛成

1. Une consommation réduite d'alcool est préférable pour la société japonaise.
   酒の消費量が減少しているのは、日本の社会にとって良いことです。

2. La popularité du saké à l'étranger suscitera un intérêt accru pour la culture japonaise.
   外国での日本酒の人気は、日本文化への関心の上昇につながるでしょう。

3. Le saké dont le riz a été hautement poli ne donne pas la gueule de bois.
   精米歩合の高い米で造った日本酒は二日酔いになりません。

4. « Kanpai ! » est l'un des mots japonais les plus connus.
   「乾杯！」はとてもよく知られている日本語です。

Contre 反対

1. Les Japonais dépensent trop d'argent dans l'alcool.
   日本の人たちはアルコールにお金を使いすぎています。

2. Il est bien trop facile d'acheter de l'alcool au Japon.
   日本ではあまりにも簡単にアルコールが買えてしまいます。

3. Les entreprises japonaises devraient plutôt se concentrer sur des produits qui améliorent la santé de la population.
   日本の企業は、人々の健康を改善するような製品に集中するべきです。

4. La diminution des ventes d'alcool pourrait entraîner la fermeture d'usines.
   アルコール販売の減少は、工場の閉鎖につながる可能性があります。

18 L'o-cha

Saviez-vous que l'o-cha bu par les Japonais ne se limite pas à un seul genre ? Le thé vert *matcha* utilisé pour la cérémonie du thé est fabriqué à partir de feuilles vertes moulues en une poudre fine. Il est également couramment utilisé comme ingrédient dans les gâteaux. En outre, les glaces et les chocolats au *matcha* sont très appréciés.

Ensuite, il y a le *gyokuro* (littéralement « ronde goutte de rosée »), thé vert de la plus haute qualité. Avant que les boutons de *gyokuro* commencent à germer, les agriculteurs protègent les plantes du soleil. Cela empêche la génération de catéchine, qui est un agent amer. Ainsi, le *gyokuro* a une saveur douce et onctueuse.

Les thés les plus couramment bus sont le thé vert de qualité moyenne appelé *sencha*, le thé grillé appelé *hōjicha* et le thé oolong. Nous les trouvons généralement dans des distributeurs automatiques. Le *sencha*, à base de feuilles cuites à la vapeur et froissées, a un goût légèrement amer. Le *hōjicha* est un thé de moindre qualité, parfumé et torréfié. Le thé oolong (*ūroncha* en japonais) est un thé partiellement fermenté de Chine. En plus, il y a le *bancha*, mais le mot *bancha* a des significations différentes selon les régions. Dans certaines, il s'agit d'un thé vert de qualité inférieure, non fabriqué à partir des premières feuilles. En revanche, dans des régions telles que Kyōto, Hokkaidō et Tōhoku, il s'agit de *hōjicha*.

Comme pour le thé noir, il y a des préférences individuelles en ce qui concerne la température, le temps de trempage et la manière de verser. Cependant, mis à part lors de la cérémonie du thé, nous ne nous soucions pas beaucoup de la manière dont le thé est préparé et servi. Et nous pouvons en reprendre autant de fois que nous le souhaitons. Dans les restaurants, l'*o-cha*, comme l'eau et les serviettes chaudes (*o-shibori*), est gratuit.

❖ **mots et phrases**

☐ boutons　つぼみ、芽　　　　　　☐ catéchine　(化学)カテキン

☐ protègent　(〜を光や熱から)保護する　☐ préférences　好み

☐ empêche　(発生を)抑える　　　　☐ temps de trempage　抽出する時間

☐ génération　発生　　　　　　　☐ mis à part　〜はさておき

お茶

　日本人が飲むお茶は1種類ではないことを知っていますか？　茶道などに使われる抹茶は、緑の茶葉を挽いて細かい粉末状にしたものです。お菓子の材料としてもよく使われています。それに加えて、抹茶味のアイスクリームやチョコレートも人気があります。

　それから、高級なお茶の玉露（ぎょくろ）があります。お茶の芽が出る前から、茶の木を太陽光にあてないようにします。こうすることで、苦味成分であるカテキンの発生を抑えます。そのため、玉露はまろやかで甘味を感じます。

　最も一般的に飲まれるものは、中ぐらいの品質の煎茶、茶葉をローストしたほうじ茶、そしてウーロン茶です。これらは自動販売機でも普通に見られます。煎茶は茶葉を蒸してくずしたもので、やや苦味があります。ほうじ茶は、茶葉を焙じた質の少し落ちる香りの良いお茶です。ウーロン茶は中国から入ってきたもので、ある程度発酵させたものです。それに加えて番茶がありますが、これは地域によって違う意味になります。いくつかの地域では、新芽ではない葉で作った、質の落ちる緑茶を指します。京都、北海道、東北では、ほうじ茶を指しています。

　紅茶と同じように、人々はお湯の温度、抽出する時間、注ぎ方までこだわりを持っています。でも、茶道の場合はさておき、お茶を出されるとき、作法などは私たちはそれほど気にしません。何杯でもお代わりできます。レストランでは、水やおしぼりなどと同様に、お茶は無料です。

あなたはどう思う？

賛成・反対意見のサンプルを参考にして、自分の意見を文章にしてみましょう。

Pour 賛成

1. L'*o-cha* est plus sain que le café.
お茶はコーヒーよりも健康に良いです。

2. L'achat d'*o-cha* contribue directement à l'économie japonaise.
お茶を買うと、日本経済に直接貢献します。

3. De nombreuses variétés d'*o-cha* peuvent être facilement trouvées dans les distributeurs automatiques.
いろいろな種類のお茶を自動販売機で簡単に見つけることができます。

4. Déguster de l'*o-cha* est relaxant.
お茶を飲むとリラックスできます。

Contre 反対

1. Beaucoup d'enfants préfèrent les jus de fruits à l'*o-cha*.
多くの子どもたちがお茶よりもフルーツジュースの方を好みます。

2. Il y a beaucoup de déchets de plastique résultant de l'achat d'*o-cha* en bouteille.
ペットボトルのお茶を買うことで、たくさんのプラスチックごみが出ます。

3. Beaucoup de jeunes ne savent pas se faire du thé.
多くの若い人たちは、自分でお茶を入れる方法を知りません。

4. La popularité de l'*o-cha* à l'étranger entraînera une hausse des prix au Japon.
外国でのお茶の人気が、日本での価格上昇につながるでしょう。

19 Les aliments fermentés

Le pain, le vin, le fromage, le thé, le salami et les anchois sont des exemples des nombreux aliments fermentés que nous produisons et consommons. La fermentation est le résultat d'organismes vivants décomposant les sucres dans les aliments. Ce processus produit un goût différent et a un effet conservateur. D'autre part, la conversion des protéines et des acides aminés produit des toxines et des odeurs nauséabondes.

Le Japon a aussi beaucoup d'aliments fermentés. Il y a le *miso*, la sauce soja, le saké, la bonite séchée, les cornichons et le vinaigre, pour n'en nommer que quelques-uns. Et ils ont une longue histoire. Par exemple, le *miso* est mentionné dans un texte datant du début du VIIIe siècle. Le champignon utilisé pour la fabrication du *miso* et du saké est une espèce indigène japonaise, l'*Aspergillus oryzae*, plus communément appelée *nihon kōji kabi*.

Le *nattō* est aussi un aliment fermenté classique. L'opinion concernant son odeur varie même au Japon. La bactérie *Bacillus subtilis nattō* ou *nattōkin* se trouve naturellement à l'état naturel sur la paille de riz. Mélangé avec du soja dans un endroit chaud et humide, ce dernier fermente et devient du *nattō*.

La valeur nutritionnelle des aliments tels que le miso et le *nattō* est élevée. Ils auraient de nombreux avantages pour la santé. Takeo Koizumi, professeur émérite à l'Université d'agriculture de Tokyo et une autorité en zymologie au Japon, dit que la protéine contenue dans le miso est similaire à celle de la viande. En outre, il affirme que le miso contient les huit acides aminés essentiels. Ainsi, on peut dire du professeur Koizumi que c'est un pro-aliments fermentés.

❖ mots et phrases

☐ anchois　アンチョビ

☐ fermentation　発酵

☐ sucres　盗塁

☐ toxines　毒素

☐ pour n'en nommer que
quelques-uns　2〜3例を挙げると

☐ indigène　原産の

☐ bactérie　菌

☐ nutritionnelle　栄養の

19

Les aliments fermentés

発酵食品

　パン、ワイン、チーズ、紅茶、サラミ、そしてアンチョビは世界にあるたくさんの発酵食品の例として挙げられます。発酵とは、有機体が食品の糖類を分解した結果を言います。この過程で、別の味が生み出されたり、保存効果が出てきたりします。一方、タンパク質やアミノ酸を分解して、悪臭や毒素のある生成物を作り出します。

　日本にも発酵食品がたくさんあります。いくつかの例として、味噌、醤油、日本酒、カツオぶし、漬け物、酢などがあります。こうした食品にも、長い歴史があります。例えば、味噌は8世紀初頭の文献に出ています。味噌や日本酒を作る菌類は、日本固有のものであり、一般的には麹菌（こうじきん）と呼ばれています。

　納豆も代表的な発酵食品です。その匂いを悪臭と感じるかどうかは人によって異なります。納豆菌は、稲のワラにたくさん生息しています。暖かく湿った場所で大豆と混ざると、発酵して納豆ができます。

　味噌や納豆の栄養値は非常に高いです。医学的にも多くの効果があると報告されています。日本の発酵学の権威と言われる、東京農業大学の小泉武夫名誉教授によると、味噌に含まれるタンパク質は、肉のそれと似ているそうです。さらに、必須アミノ酸8種類が全て味噌に含まれていると、教授は主張しています。小泉教授は発酵食品の推進派です。

賛成・反対意見のサンプルを参考にして、自
分の意見を文章にしてみましょう。

Pour 賛成

1. Faire du miso à la maison peut être un projet amusant.
自宅で味噌を作るのは楽しいプロジェクトにもなります。

2. Beaucoup de gens considèrent la soupe miso et le *nattō* comme
des aliments réconfortants.
多くの人々が、納豆と味噌はほっとする食べ物だと考えています。

3. Le *nattō* figure au menu du petit-déjeuner dans de nombreux
établissements de restauration rapide japonais.
日本の多くのファストフード店で、朝食メニューに納豆が出てくることがあります。

4. Le *nattō maki* (rouleau de riz dans une feuille d'algue *nori*,
garni de *nattō*) est le meilleur moyen d'initier les étrangers au
goût du *nattō*.
納豆巻きは、外国人に納豆の味を紹介する上で最良の方法です。

Contre 反対

1. Beaucoup de gens n'aiment pas l'odeur du *nattō*.
多くの人々は、納豆のにおいが好きではありません。

2. La soupe miso contient beaucoup de sodium, ce qui est
mauvais pour la santé.
味噌汁には高いレベルのナトリウムが含まれており、健康に良くありません。

3. Il est difficile de trouver de la soupe miso à l'étranger.
海外を旅行しているときは、味噌汁を見つけるのが困難です。

4. Il y a des gens qui ne supportent ni le goût ni l'odeur du miso.
味噌の味やにおいに耐えられない人たちもいます。

20 Un paradis gastronomique

De nombreux étrangers considèrent le Japon comme un paradis gastronomique, un pays où nous pouvons manger des plats du monde entier. D'après une enquête menée dans le quartier Minato à Tokyo, où se trouvent de nombreuses ambassades, il y a des restaurants spécialisés dans la cuisine de 21 pays différents.

Néanmoins, il y a des étrangers qui soulignent que les menus japonais contiennent de nombreux éléments mystérieux. Par exemple, le *naporitan*, les spaghettis aux légumes sautés au ketchup, est complètement différent du « Napolitana » de Naples. À Tenshin (Tianjin) en Chine, il n'y a pas de *tenshinhan*, une omelette au crabe sur du riz dans une sauce épaisse. Ensuite, il y a le *turko rice*, originaire de Nagasaki ! Cette combinaison inhabituelle a une côtelette de porc frite en sauce sur un lit de riz pilaf avec des spaghettis. Le *Taiwan soba*, inventé à Nagoya, n'existe pas à Taiwan. En ce qui concerne les boissons, le café *amerikan* (américain), à base de fèves légèrement torréfiées, a été inventé au Japon.

Les Japonais sont passionnés par la réorganisation des ingrédients. Cela s'appelle *kaizen*, ce qui signifie amélioration continue. Par exemple, des spaghettis sont parfois servis avec de la pâte de *nattō* ou des œufs de morue. Un moyen de contrôler le goût riche et épicé de certaines spécialités thaïlandaises et chinoises consiste à ajouter de la sauce de soja et du saké de cuisine appelé *mirin*.

Peut-être que la déclaration « c'est comme cela que l'on fait par chez nous » est devenue dépassée. Le « California Roll », une variété de sushi inventée en Amérique, a été importé au Japon. Il est devenu courant en Thaïlande de manger des raviolis japonais (*gyōza*) à la sauce wasabi. Le *chāhan* (riz cantonais à la japonaise) est fabriqué en Mongolie à partir de mouton. De nos jours, les cultures culinaires du monde sont toutes mélangées, à la manière du *champon*. Le *champon*, qui originellement signifie « mélange », est une spécialité de nouilles de Nagasaki.

❖ mots et phrases

☐ enquête 調査

☐ néanmoins たとえそうであっても、ところが

☐ sautés 炒めた

☐ sur un lit de ～を敷いた上に

☐ en ce qui concerne ～に関しては

☐ œufs de morue たらこ

☐ dépassée 時代遅れの

☐ mouton 羊肉

20

Un paradis gastronomique

グルメ天国

　日本はグルメ大国、世界中の料理が食べられる国と評価する外国人が少なくありません。大使館が多い東京・港区で、ある人が調査したところでは、21ヵ国の専門料理店があったそうです。

　とはいえ、日本のメニューには不思議なものがたくさんあると指摘する外国人もいます。例えば、野菜をケチャップと共に強火で素早く炒めてスパゲッティに混ぜる「ナポリタン」は、本場ナポリの「ナポリターナ」とはまったくの別物です。ごはんにカニのオムレツをのせてとろみをつけたソースをかけた「天津飯」は、中国の天津にはありません。そして、長崎発祥の「トルコライス」があります！　ピラフと一緒にソースをかけたトンカツやスパゲッティを盛った、一風変わった組み合わせです。名古屋発祥の「台湾そば」も台湾にはありません。飲み物については、浅く焙煎（ロースト）した豆を使う「アメリカン」コーヒーは、日本で最初に作られました。

　日本人は、色々な食材をアレンジすることに情熱を持っています。これはカイゼンと呼ばれ、継続的な改良を意味します。例えば、スパゲッティは時として納豆ペーストやたらこと一緒にして供されます。中華料理やタイ料理の辛味や濃厚な味を調整する方法として、醤油やみりんを加えることがあります。

　「本場ではこうしている」という言い方は、時代遅れになったのかもしれません。寿司が米国で「カリフォルニア・ロール」になって逆輸入されています。タイでは「日本式餃子」をワサビ醤油で食べるのが普通です。モンゴルで出る「日本のチャーハン」は羊肉が使用されています。世界中の食文化が、今や「ちゃんぽん」のように全てがごちゃまぜになってしまいました。本来は、混ぜるという意味の「ちゃんぽん」は、長崎名物の麺料理です。

賛成・反対意見のサンプルを参考にして、自分の意見を文章にしてみましょう。

Pour 賛成

1. C'est à Tokyo qu'il y a le plus de restaurants avec étoiles Michelin au monde.

   東京には、ミシュランの星付きのレストランが世界で最も多くあります。

2. Le « remix » constant de la nourriture rend les repas au restaurant plus intéressants.

   食べ物が絶え間なく改良されつづけていくので、外食はいっそう興味をそそるものとなっています。

3. L'augmentation des touristes étrangers apportera des plats plus créatifs.

   外国人観光客の増加により、ますます多くの創造的な料理がもたらされるでしょう。

4. L'une des récompenses d'avoir durement travaillé est de savourer des plats délicieux.

   一生懸命働いたご褒美の１つに、おいしい食べ物を楽しむことがあります。

Contre 反対

1. Les touristes étrangers sont souvent déconcertés par la métamorphose de leur cuisine locale.

   外国人観光客は、自分たちの地元の料理が作り変えられてしまった姿に、当惑することがしばしばあります。

2. La nourriture étrangère « japonisée » n'est pas aussi bonne que la nourriture étrangère authentique.

   日本風の外国料理は、本場の外国料理ほどおいしくありません。

3. Il peut être difficile de trouver de la cuisine étrangère authentique en dehors de Tokyo.

   東京以外では、本場の外国料理を見つけるのは困難なことがあります。

4. La bonne cuisine est souvent chère.

   おいしい食べ物はとても高価なことが多いです。

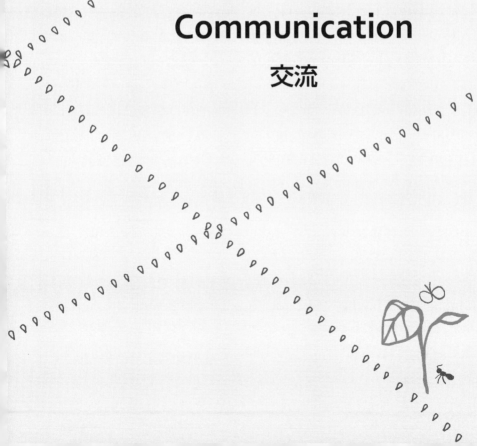

4

Communication
交流

21 *Sumimasen*

Il faut énormément de temps et d'efforts pour pouvoir lire et écrire le japonais et même mener une conversation quotidienne. Mais bien que la tâche soit tout simplement impossible lors d'une visite occasionnelle au Japon, on peut néanmoins apprendre un mot des plus utiles : *sumimasen.*

Sumimasen est une expression qui a de nombreuses utilisations. C'est d'abord l'équivalent du « je suis désolé(e) » du français. Utilisez-la lorsque vous percutez quelqu'un par accident, que vous embarrassez une personne ou que votre blague n'a pas été appreciée. Mais elle a également le sens de « pardonnez-moi ». Elle est utile juste avant de poser une question ou pour attirer l'attention de quelqu'un. Et puis, elle peut signifier « merci », quand vous désirez exprimer votre gratitude à une personne. Dans toutes ces situations, *sumimasen* est le premier mot japonais qui nous vient à l'esprit. Et dans la majeure partie des cas, vous devriez voir l'expression du visagede votre interlocuteur japonais changer radicalement.

De plus, pour exprimer du respect, il n'y a pas mieux que de dire *sumimasen* en même temps que vous inclinez la tête.

Des salutations telles que *konnichiwa* (bonjour), *arigatō* (merci) et *sayōnara* (au revoir) sont devenues des expressions japonaises bien connues des étrangers. Si vous ajoutez à cette liste le mot *sumimasen*, je pense que cela donnera aux Japonais l'envie de vous accueillir les bras ouverts. Auriez-vous pu imaginer qu'un simple mot puisse exprimer autant de choses ?

❖ mots et phrases

☐ énormément　膨大な

☐ de nombreuses utilisations　用途の広い

☐ percutez　ぶつかる

☐ n'a pas été appreciée　受け入れられない

☐ gratitude　感謝

☐ dans la majeure partie des cas　最もありそうなことは、大体（の場合）

☐ liste　リスト

21

Sumimasen

「すみません」

　日本語の読み書きをマスターするには、膨大な時間と大変な努力が必要になります。でも勉強することができなくても、日本を旅行するときに知っておくといい便利な言葉が一つあります。それは「すみません」です。

　「すみません」はたいへん用途の広い言葉です。フランス語で言えば、「ごめんなさい」に相当します。人とぶつかったとき、誰かに迷惑をかけたとき、ジョークがすべったときに使ってみてください。それに加えて、「失礼します」の意味もあります。誰かに質問したり、誰かの注意を引きたいときに使います。また、誰かに感謝したいときには「ありがとう」を意味します。これら全ての状況で心に浮かんでくるべき最初の日本語は、「すみません」です。大体の場合、相手の日本人の表情がすっかり変わるはずです。

　その上、尊敬の念を表すために頭を下げながら「すみません」と言えたら完璧でしょう。その本来の意味は、相手に対する謝意を表す丁寧な表現なのです。

　bonjourを意味する「こんにちは」、merciの「ありがとう」、au revoirの「さようなら」という日本語は、今日では外国人の間でもよく知られています。これに「すみません」があなたの言葉のリストに加われば、日本人はあなたを快く受け入れておもてなししたくなると思います。一つの簡単な言葉がこんなに多くのことを伝えることができる、と誰が想像したでしょうか。

あなたはどう思う?

賛成・反対意見のサンプルを参考にして、自分の意見を文章にしてみましょう。

Pour 賛成

1. Il est toujours bien d'être poli, même si on ne parle pas la langue.
   礼儀正しいことは、たとえその国の言葉を話せなくても常に良いことです。

2. *Sumimasen* est facile à prononcer pour les étrangers.
   「すみません」は、外国人にとって発音するのが簡単です。

3. Quelques mots peuvent vous être très utiles.
   ちょっとした言葉がたいへん役に立ちます。

4. Nous devrions tous apprendre quelques mots ou expressions de base du pays dans lequel nous voyageons.
   旅行をするときは、誰でも基本的な決まり文句をいくつか覚えておくべきです。

Contre 反対

1. Le sens de *sumimasen* peut changer selon la manière de le dire.
   「すみません」のニュアンスは、言い方によって変わることがあります。

2. En entendant *sumimasen*, certains Japonais peuvent supposer à tort que leur locuteur parle bien le japonais.
   「すみません」という言葉を聞くと、実際よりも言語能力が高いと思ってしまう日本人もいるでしょう。

3. Utiliser un appareil de traduction électronique est mieux que d'apprendre une nouvelle langue.
   新しい言葉を学ぶよりも、電子翻訳機の方が良いです。

4. Etudier le japonais est une perte de temps.
   日本語を勉強するのは時間の無駄です。

22 La prononciation

Il y a depuis longtemps des critiques sur la manière dont les langues étrangères sont enseignées au Japon. On dit que l'accent est trop mis sur le vocabulaire et la grammaire et non pas assez sur les capacités d'écoute et de parole, qui sont bien sûr nécessaires pour profiter de vraies conversations. Peu de Japonais peuvent s'exprimer correctement dans une langue autre que la leur. Il serait nécessaire de procéder à un réexamen fondamental de la pédagogie dans l'enseignement des langues étrangères.

La plupart des Japonais étudient l'anglais pendant au moins six ans : trois ans au collège et trois ans au lycée. Ceux qui vont à l'université seront exposés à l'anglais pendant au moins deux ans et apprendront également une autre langue étrangère, parfois le français, au moins une autre année.

Une des raisons invoquées par les Japonais pour leur manque de confiance linguistique est la prononciation. Par exemple, en japonais, il n'y a pas de son l ou r et ru est utilisé lorsque des mots étrangers avec « l ou r » sont empruntés. Ainsi, « il lit le livre » pourrait devenir « *iru ri ru riburu* ».

Il faut donc insister davantage sur la maîtrise des systèmes sonores des différentes langues étrangères étudiées. Tout est une question de pratique. (Nous espérons que ce livre aidera dans cette entreprise !)

❖ **mots et phrases**

☐ **non pas assez** 不十分な

☐ **capacités** スキル

☐ **réexamen** 見直し

☐ **fondamental** 根本から、基礎から

☐ **maîtrise** 習得

☐ **question de pratique** 習慣の問題、慣れの問題

☐ **aidera** 手助けとなる

22

La prononciation

発音

　最近、日本ではこれまでの外国語教育がかなり批判されています。単語や文法の習得に比重を置き過ぎていたようです。結果的に、会話を楽しむために必要とする、聞いたり話したりするスキルが足りません。自分たちを論理的に説明する力も欠けています。この状況を正すために外国語教育を根本から見直す必要があるのです。

　ほとんどの日本人は、少なくとも中学校と高校で6年間、大学も含めれば10年近く英語（大学では1年間は別の外国語、時にはフランス語）を勉強していながら、こういう状況なのです。

　日本人が言葉に自信を持てない理由の一つとして挙げられるのが、発音が不正確なことです。とくに日本語の音にはない「L」と「R」の区別ができないのです。したがって、「本を読む」も伝わらない可能性があります。

　日本人の発音コンプレックスを克服するには、外国語の音の構造を習得することに重点を置く必要があります。今よりもっと頻繁に話せば、さらに自信もつきます。もちろん、日々の学習に音読を使えば手助けになるでしょう（本書が役に立つことを願っています！）。

あなたはどう思う？

賛成・反対意見のサンプルを参考にして、自分の意見を文章にしてみましょう。

Pour 賛成

1. Les locuteurs natifs sont habitués à entendre différents accents et variations de prononciation.

   ネイティブスピーカーはいろいろななまりや発音を聞くことに慣れています。

2. Les éducateurs essaient toujours d'améliorer leurs méthodes d'enseignement.

   教育者は常に指導方法の改善に努めています。

3. Au Japon, de nombreuses personnes désirent parler parfaitement anglais.

   日本の多くの人々は、英語を完璧に話したいという強い願望を持っています。

4. Parler tous les jours renforce la confiance.

   毎日話すことで、自信が培われていきます。

Contre 反対

1. Il est difficile de trouver une occasion de mettre en pratique une langue étrangère.

   自然に英語を練習できる場所を見つけることは困難です。

2. Être incapable de communiquer facilement rend les étudiants moins confiants.

   容易にコミュニケーションができないと、生徒は自信を失います。

3. Les Japonais entendent rarement des langues étrangères dans leur vie quotidienne.

   日本人が日常生活で英語を聞くことはめったにありません。

4. En dehors des grandes villes, il y a rarement l'occasion de parler une langue étrangère.

   大都市以外では、英語を話す機会はほとんどありません。

23 En famille d'accueil

En Europe et en Amérique, il est courant d'inviter des amis chez soi, mais ce n'est pas la coutume générale au Japon. Cela ne veut pas dire qu'il manque aux Japonais le désir d'être hospitalier. C'est plutôt que la maison et le jardin japonais sont en moyenne extrêmement petits.

Cependant, depuis quelques années, on remarque une hausse du nombre de familles acceptant d'accueillir chez elles des étrangers. Beaucoup de ces personnes sont des couples d'âge moyen ou âgés dont les enfants ont grandi. Ce n'est pas que la maison et le jardin soient devenus plus grands, mais plutôt que les enfants ont quitté le nid familial et qu'ainsi les chambres sont vacantes, ce qui veut dire qu'il y a moins de tâches ménagères et plus d'espace.

Ces couples sont souvent des diplômés universitaires ou des personnes ayant une expérience de travail à l'étranger. Donc ils cherchent la communication avec des non-Japonais, dont ils ont déjà fait la connaissance à plusieurs occasions. Il y a également ceux qui voyagent beaucoup à l'étranger.Ils divertissent leurs invités avec des conversations intellectuelles et une cuisine familiale. Et surtout, ils seront les meilleurs guides touristiques.

Si, toutefois, les touristes étrangers sont traités de la même manière que dans leur pays d'origine, leur venue au Japon n'aura plus de sens. Le plaisir d'être en famille d'accueil est d'autant plus grand quand on découvre et prend part à diverses coutumes japonaises : retirer ses chaussures à l'intérieur de la maison, se laver à l'extérieur du bain, saluer les voisins… Les touristes étrangers veulent faire l'expérience de la vie quotidienne japonaise, en particulier des choses que les Japonais considèrent comme banales.

❖ **mots et phrases**

☐ hospitalier 温かくもてなす

☐ familles 家庭

☐ vacantes 空いている

☐ plus d' 余分の

☐ et surtout 何にもまして

☐ considèrent comme banales 当然と考える

23

En famille d'accueil

家庭

　欧米では、親しい友人を家に招くのはよくあることです。その一方、日本では
こうしたことが一般的ではありません。それは人をもてなしたいと思わないから
ではありません。むしろ、日本の平均的な家や庭がきわめて狭いからなのです。

　しかし近年は、外国人をホームステイで受け入れる家庭も増えています。その
多くが、子供たちが成長した中高年のご夫婦です。家や庭が広くなったわけでは
なく、子供たちが巣立って部屋が空き、家事の手間も減り、空間に余裕が生まれ
たのです。

　これらのご夫婦はしばしば、大学卒であったり海外勤務経験者であったりしま
す。そのため、外国人とコミュニケーションを深めることに積極的になりたいの
です。日頃からさまざまなチャネルを通して外国人の友人を作ることに慣れてい
ます。あるいは、海外各地によく出かけています。知的な会話や家庭料理でゲス
トを楽しませてくれます。そして何よりも、彼らは最高のツアーガイドにもなっ
てくれるはずです。

　でも、何もかも自国にいるようにもてなされたのでは、日本に来た意味がなく
なります。日本人の習慣を学び積極的に参加するようにすれば、ホームステイの
楽しみはより広がります。例えば、家に入るときは靴を脱ぐ、湯船の外で体を洗
うようにする、近所の人に会ったら挨拶するなどです。外国からの観光客は、日
常の日本の生活、とくに日本人が当然と思っているようなことを経験したいので
す。

賛成・反対意見のサンプルを参考にして、自分の意見を文章にしてみましょう。

Pour 賛成

1. Il est plus facile qu'auparavant de trouver une famille d'accueil à l'étranger.

海外のホームステイ先を見つけるのは、以前よりもたやすくなりました。

2. Les familles d'accueil sont un excellent moyen de découvrir d'autres cultures.

ホームステイは異文化を体験するのにとても良い方法です。

3. On se sent plus à l'aise en famille d'accueil que dans un hôtel.

ホームステイはホテルに滞在するよりも居心地が良いです。

4. On peut avoir une expérience linguistique plus authentique dans une famille d'accueil.

ホームステイを通じてより自然な言葉を学ぶことができます。

Contre 反対

1. Les visiteurs étrangers en famille d'accueil peuvent avoir des attentes trop grandes.

外国からの訪問客は、自分の宿泊先に大きな期待を抱いていることがあります。

2. Recevoir des visiteurs étrangers peut devenir une source de stress pour les familles qui ne parlent pas anglais.

外国からの訪問客は、英語を話さない家族にとって、ストレスを引き起こしかねません。

3. Recevoir des invités pendant une longue période peut être fastidieux.

来客を長期間もてなすことにうんざりする可能性があります。

4. Les malentendus culturels créent des problèmes.

文化面での誤解が、問題を引き起こす可能性があります。

24 Les *matsuri*

Les *matsuri* traditionnels ont lieu partout au Japon, principalement au printemps pour prier pour des récoltes abondantes et en automne pour exprimer de la gratitude pour de bonnes récoltes. Au nord-est et dans d'autres régions, toutefois, les principaux festivals ont lieu en été. Par exemple, le festival Gion de Kyōto et le festival du feu de Daimonji. Des prières sont offertes pour l'élimination des maladies et des pestes. De plus, chaque région a son propre feu d'artifice et sa danse du festival Obon.

Les *matsuri* sont essentiellement des festivals sacrés, dans lesquels la congrégation du sanctuaire shintō local et le public général jouent un rôle de premier plan. Tout est très formel et des règles strictes concernant les procédures sont déjà en place. Les habitants portent un sanctuaire portatif, un *mikoshi*, sur leurs épaules. Cependant, ces dernières années, avec le déclin de la population japonaise, il n'y a pas assez d'habitants locaux pour s'acquitter de cette tâche. Ainsi, il est de plus en plus courant d'inviter des participants d'autres régions. Certains encouragent même sporadiquement les spectateurs à participer, y compris les visiteurs étrangers venus simplement pour regarder.

Les habitants de la région peuvent vous prêter un *happi* (un manteau court de festival), un *yukata* (un kimono d'été décontracté), ou un bandeau, pour égayer le festival. De plus, ils vous apprendront probablement la danse et vous laisseront battre du tambour. Et il est certain qu'ils vous offriront du saké de cérémonie. Alors ne soyez pas timide. Joignez-vous au groupe et profitez activement du festival.

Près du sanctuaire et dans ses espaces ouverts, il y a des rangées de *yatais*. Ce sont des étals officiels où vous pouvez acheter diverses choses à manger, des jouets ou faire des jeux. Des vidéos des festivals les plus célèbres peuvent être visionnées sur YouTube et d'autres sites web. Alors, rassemblez beaucoup d'informations à l'avance pour ne rien manquer.

❖ **mots et phrases**

- □ abondantes 豊富な
- □ élimination 排除
- □ maladies et pestes 病虫害
- □ sacrés 神聖な
- □ congrégation 信徒
- □ procédures 手順
- □ sporadiquement 散発的に

24

Les *matsuri*

祭り

　日本各地で伝統的な祭りが開かれています。主として、祭りは豊作を祈る春と豊作に感謝の意を表す秋に開かれます。しかし、東北や他の地域では、夏場に大きな祭りが集中しています。例えば、京都の祇園祭や大文字の送り火は、どちらも夏に開かれる祭りです。疫病や病虫害の退散を祈るのです。また、夏場には各地での花火大会や盆踊りがあります。

　祭りは本来神聖なもので、地域の神社の氏子や地域住民がどちらも主な役割を担います。全てのことはとても組織的で、手順についての厳しい規則がすでに決まっています。地域の人は、みこしと呼ばれる、持ち運べる神社を肩に担ぎます。しかし近年では、人口減少のため、みこしを担ぐのに地域の人たちだけでは足りません。そんなことから、他の地域からの参加者を歓迎するところも増えています。見物に来た人に、その場で参加をすすめることさえあります。そのため、外国からの訪問者であっても、参加して楽しめるのです。

　人々は、祭りの気分を盛り上げる法被（祭り用の短いローブ）や浴衣（略式の夏用着物）、はちまきを貸してくれることでしょう。その上、たぶん踊りを教えてくれたり太鼓を叩かせてくれるでしょう。そして、お祝いの日本酒を飲ませてくれること請け合いです。ですから、恥ずかしがらずに仲間に入って、積極的に楽しんでください。

　神社の参道や広場には、屋台が並びます。これらは食べ物やおもちゃやゲームを買うことができる、公認された店です。日本のほとんどの有名な祭りは、YouTubeなどのサイトで見ることができます。楽しむポイントを逃さないように、事前に情報収集してください。

賛成・反対意見のサンプルを参考にして、自分の意見を文章にしてみましょう。

Pour 賛成

1. Les *matsuri* sont un bon moyen de découvrir le Japon rural.
   祭りは日本の田舎を体験するとても良い方法です。

2. Il y a toujours de la bonne nourriture à un *matsuri*.
   祭りには必ずおいしい食べ物があります。

3. Porter un *mikoshi* est un événement unique dans la vie d'un touriste.
   みこしを担ぐのは、観光客にとって一生に一度の出来事です。

4. Pour les photographes, les *matsuri* offrent de nombreuses occasions de prendre des photos intéressantes.
   写真家にとって、祭りは面白い写真を撮ることのできる多くのチャンスを提供します。

Contre 反対

1. Certains touristes sont trop timides pour se joindre aux festivités.
   観光客の中には臆病すぎて祭りに参加できない人もいます。

2. Il y a trop de monde aux *matsuri*.
   祭りは、あまりにも混雑しています。

3. Les jeux pour enfants aux *matsuri* ne sont plus aussi amusants qu'il y a 30 ans.
   祭りでの子供向けの遊戯は、30年前ほど良いものではありません。

4. Les *matsuri* sont malheureusement des événements particulièrement vulnérables aux attaques terroristes.
   祭りはテロ攻撃の格好の標的になりかねません。

5

Les Achats

買い物

25 Le rabais

Lors de leurs achats à l'étranger, les touristes sont parfois surpris d'abord par le manque d'étiquettes de prix, d'autre part quand ils se renseignent sur le prix et son extravagance. Les habitants locaux savent qu'ils doivent d'abord négocier. Il n'est possible d'arriver à un accord qu'après de longs marchandages.

Pour certains, la négociation est l'un des plaisirs du shopping, même si les acheteurs ne bénéficient que d'une petite réduction, ils peuvent se sentir satisfaits. Cependant, le Japon utilise généralement un système de prix fixe. C'est-à-dire que le montant inscrit sur l'étiquette correspond à ce que l'on paie, avec le bénéfice approprié pour le vendeur défini dès le début. La logique derrière cela est qu'il n'est pas juste de réduire le prix seulement pour certains clients privilégiés. En particulier dans les grands magasins et chaînes de magasins, le système de prix fixe est strictement appliqué.

Si vous demandez un rabais comme si vous faisiez des achats dans votre pays d'origine, vous ne réussirez généralement pas. Néanmoins, la situation peut être un peu différente dans les magasins privés. Il est possible que lorsque le propriétaire voit que le client est un étranger, il puisse décider d'offrir de se montrer plus généreux, de manière à donner une impression favorable du Japon.

Le commerçant peut vous dire : « Si vous achetez tous ces articles ensemble, je vous fais une réduction sur le total », ou bien il peut vous offrir un article peu onéreux en cadeau. Cependant il ne faut pas placer vos attentes trop haut.

❖ mots et phrases

☐ prix 値付け、値段

☐ arriver à un accord 歩み寄る

☐ système de prix fixe 定価制度、定価販売

☐ c'est-à-dire que つまり

☐ logique derrière 背後にある論理

☐ généreux 良い条件で

25

Le rabais

値引き

　海外で買い物をするとき、ときどき商品に値札がついていなかったり、とても高く値付けされていたりして、観光客が驚くことがあります。現地の人たちは、店主と交渉して値段を決めています。互いに金額を提示しながら少しずつ歩み寄ります。そして、最後に交渉が成立するのです。このことを「値引き交渉」と言います。

　おそらく、この値引き交渉は買い物の楽しみの一つです。たとえ値引きしてもらえる金額がわずかであっても、買い手は満足するのです。でも、日本では基本的に「定価制度」を用いています。つまり値札についた価格を支払うということです。最初から適正利潤を設定して価格を決めています。一部の客だけに値引きするのは公平ではないというのが、その背後にある論理です。とくに大手のデパートやフランチャイズチェーンの店では、厳格に「定価制度」を守っています。

　自国での買い物と同じつもりで値引きを求めても、一般的には成功しないでしょう。とはいうものの、個人商店では事情が少し違うかもしれません。買い手が外国人だとわかると、たくさんサービスしてあげたいという店員の気持ちがくすぐられるかもしれません。日本に好印象を持ってほしいのです。

　店主は「これらをまとめて買ってくれるなら安くするよ」と言うかもしれません。あるいは、別の安価な品物をおまけとしてくれるかもしれません。でも、あまり期待しないでください。

あなたはどう思う？

賛成・反対意見のサンプルを参考にして、自分の意見を文章にしてみましょう。

Pour 賛成

1. La vente à prix fixe signifie que tout le monde paie le même prix.
   定価販売とは、誰でも同じ価格で買うということです。

2. La vente à prix fixe, c'est mieux car le marchandage peut être fastidieux.
   値引き交渉は面倒になることがあるので、定価販売の方が優れています。

3. La vente à prix fixe et l'absence de pourboire rendent le voyage au Japon facile pour les touristes.
   定価販売とチップ不要の方式により、日本は観光客が旅行しやすい国となっています。

4. Le marchandage peut être un bon point de départ pour une conversation.
   値引き交渉は、会話の良い糸口になるかもしれません。

Contre 反対

1. Les clients qui souhaitent acheter en gros ne peuvent souvent pas obtenir de réduction.
   大量に買いたい顧客は多くの場合値引きを受けられません。

2. Le marchandage peut encourager les clients à dépenser trop.
   値引き交渉は、客によけいに買ってもらうための誘因となる可能性があります。

3. Les Japonais ne sont pas de bons négociateurs.
   日本の人たちは値引き交渉が上手ではありません。

4. Le marchandage pourrait animer notre économie.
   値引き交渉は我が国の経済を活気づけるかも知れません。

26 Akihabara

Akihabara, au centre de Tokyo, est depuis longtemps populaire parmi les étrangers. À l'origine, le quartier était connu pour ses appareils électriques, ordinateurs et composants électroniques peu coûteux. Maintenant, cependant, les produits japonais sont soumis à la pression des concurrents asiatiques. Au cours des dernières années, les bâtiments autour de la gare ont été rénovés et le quartier est toujours en plein essor. Pourquoi donc ?

La raison en est que tout le quartier réagit très rapidement au changement, l'évolution des intérêts et des goûts des étrangers en visite n'étant donc aucun problème. Leur but pourrait être de visiter un maid café, une salle de jeux ou un magasin Animate. Il se peut également qu'ils y viennent pour vérifier en personne quelque chose qu'ils ont vu sur Internet. À cela s'ajoute le fait qu'il n'y a pas d'endroit où l'offre de livres, figurines, badges et autres articles soit plus abondante. Il y a beaucoup de cybercafés et de points d'accès WiFi gratuits. Après tout, tout cela est essentiel dans une zone touristique moderne.

À Akihabara, on peut tout acheter, des dernières consoles de jeu aux jeux d'occasion que l'on aimait tant dans son enfance. Ramener un tel souvenir chez soi attirera surement la jalousie de vos amis !

On dit que ce qui se passe maintenant à Akihabara est une indication du cours futur du Japon. C'est-à-dire, le Japon ne sera peut-être pas en mesure de diriger le monde en tant que puissance matérielle et économique, mais devrait plutôt viser à devenir le leader mondial des technologies de loisirs et de relaxation.

❖ mots et phrases

□ appareils électriques　電気製品　　□ Animate　アニメイト（アニメ専門店）

□ composants　部品　　　　　　　　□ figurines　小さな像

□ en plein essor　ある　　　　　　　□ indication　示すこと

26 秋葉原

Akihabara

　東京の中心部にある秋葉原は、昔からずっと外国人に人気があります。かつては安い電気製品やコンピューターや電子部品を手に入れられることが人気の理由でした。しかし、今では日本製品はアジア諸国からの製品に押されているのが現実です。それでも、駅周辺のビル群がこの数年で改修されるなど、依然として秋葉原が賑わっているのはなぜなのでしょうか?

　秋葉原が今でも繁栄している理由は、町全体が変化に非常に敏感に対応しているからです。ここに来る外国人の趣味がどのように変わっても問題ありません。訪問の目的は、メイドカフェやゲームセンター、アニメイトなどかもしれません。ネットで知ったものを現実によく見てみるためかもしれません。これら全てに関して、本、フィギュア、バッジ、他のグッズがここほど豊富にそろっているところはないのです。ネットカフェやフリーWi-Fiのホットスポットもたくさんあります。これら全てが、現代の観光地に必須のものです。

　秋葉原では、最新のゲーム機から、訪問する人たちが幼かった頃に熱中した中古のゲームまで、何でも入手できます。お土産に買って帰れば、友人たちをうらやましがらせることができるでしょう。

　秋葉原の賑わいは、日本の将来の進路を示しているという人もいます。つまり、日本はハードウェアや経済力で世界をリードすることはもはやできないかもしれません。その代わりに、娯楽や癒しで世界をリードすることを目標にすべきなのです。

賛成・反対意見のサンプルを参考にして、自分の意見を文章にしてみましょう。

Pour 賛 成

1. La capacité d'Akihabara de changer avec le temps est sa plus grande force.
時代に合わせて変化する能力が、秋葉原の最大の強みです。

2. Le modèle de développement d'Akihabara devrait être mis à l'essai dans d'autres régions du Japon.
秋葉原の開発モデルは、日本のほかの地域でも試みられるべきです。

3. Akihabara fournit de nombreuses idées pour créer de nouvelles entreprises.
秋葉原には新規ビジネスのヒントがたくさんあります。

4. Akihabara est un paradis pour les touristes étrangers.
秋葉原は外国人観光客にとって天国です。

Contre 反 対

1. Changer l'image d'Akihabara diminue sa valeur historique.
秋葉原のイメージが変わることで、その歴史的価値が減少します。

2. Aucune autre ville ou quartier ne peut copier Akihabara.
秋葉原の真似ができる都市は他にありません。

3. Le changement n'est pas toujours bon.
変化は必ずしも良いものではありません。

4. Akihabara est trop encombré pour faire du shopping tranquillement.
秋葉原は混雑しすぎていて、買い物を楽しめません。

27 Les cartes de crédit

En 2011, l'Agence de tourisme du Japon (Kankōchō) a mené une enquête parmi les touristes étrangers. Voici les principaux problèmes rencontrés lors de leurs voyages au Japon : près de 37% ont déclaré que les services de WiFi gratuits étaient insuffisants ; 24% ont déclaré ne pas pouvoir communiquer avec les habitants ; 20% ont déclaré qu'il était difficile d'obtenir des informations sur les transports en commun ; et 16% ont déclaré qu'ils étaient incapables d'échanger des devises ou d'utiliser des cartes de crédit.

Si vous avez besoin d'obtenir des yens, vérifiez d'abord que votre carte porte le logo « Plus » ou « Cirrus » au verso. Cela l'identifie comme étant une carte internationale. Ensuite, trouvez la supérette la plus proche, comme un 7-Eleven, ou bien un bureau de poste avec un distributeur automatique.

Les 7-Eleven disposent d'un distributeur automatique de la 7-Bank, qui accepte dix types de cartes de crédit. L'interface est disponible en douze langues. Le guidage vocal est lui proposé en quatre langues : anglais, coréen, chinois et portugais. Il y a également des terminaux 7-Bank dans des lieux comme les aéroports et les gares. En règle générale, ils sont en service 24h/24. La limite pour chaque retrait dépend de la compagnie de carte de crédit, mais se situe normalement entre 30 000 et 100 000 yens.

Ce sont les distributeurs automatiques des bureaux de poste qui ont accepté en premier les cartes de crédit étrangères, avant ceux des supérettes. Ces distributeurs automatiques, acceptant 9 types de carte, sont très pratiques car vous pouvez les trouver dans tout le pays, même dans les petites villes. Comme vous pouvez le constater, malgré tous ces services disponibles, il y a encore des problèmes pour diffuser de manière adéquate les informations. De toute évidence, il reste encore beaucoup à faire pour fournir des informations en langues étrangères.

❖ **mots et phrases**

- ☐ Agence de tourisme du Japon
  観光庁
- ☐ mené 実施する
- ☐ insuffisants 不十分な
- ☐ habitants 地元の人たち

- ☐ identifie 示す
- ☐ en règle générale 原則として
- ☐ retrait 引き出し
- ☐ problèmes 問題、課題

27 クレジットカード

2011年、観光庁は外国人観光客を対象とした調査を実施しました。日本での旅行中に直面した主な問題点についての調査です。「無料Wi-Fiサービスが不十分」（37%）、「地域の人とコミュニケーションできない」（24%）、「公共交通情報の入手が困難」（20%）、「通貨両替やクレジットカードが利用できない」（16%）という回答でした。

日本円のキャッシュが必要になったときは、まずあなたのカードの裏面にPlusやCirrusのマークがあることを確かめてください。これは、グローバル対応のカードであることを示しています。次に、最寄りのセブンイレブンのようなコンビニかATMを備えた郵便局を探してください。

セブンイレブンにはセブン銀行のATMがあり、10種類のクレジットカードが利用できます。使い方のガイダンスは、12ヵ国語で書かれたものが利用できます。音声ガイダンスは、英語・韓国語・中国語・ポルトガル語の4ヵ国語に対応しています。空港や駅などの店にもセブン銀行の端末が置かれています。原則として、24時間利用できます。1回の引き出し限度額は、カード会社にもよりますが、3～10万円です。

コンビニの端末より早くから外国のカードを受け入れているのが、ゆうちょのATMです。9種類のカードが使えます。かなり小さな村でも全国各地にゆうちょのATMがあるので便利です。おわかりのように、こうした全てのサービスがあるにもかかわらず、情報を適切に拡散するのはうまくいっていません。外国語でのガイダンスを提供するために、さらに努力が必要であることは明らかです。

賛成・反対意見のサンプルを参考にして、自分の意見を文章にしてみましょう。

Pour 賛成

1. Pour les touristes, l'usage pratique des cartes de crédit est important.
クレジットカードを簡単に利用できることは、観光客にとって重要です。

2. Les bureaux de poste japonais offrent une grande variété de services.
日本の郵便局は、とても広い範囲のサービスを提供しています。

3. Les cartes de crédit offrent des points qui peuvent être utilisés pour les hôtels et les voyages aériens.
クレジットカードは、ホテルや航空券に使うことのできるポイントを提供しています。

4. Les cartes de crédit sont maintenant plus sûres qu'auparavant.
クレジットカードは、ホテルや航空券に使うことのできるポイントを提供しています。

Contre 反対

1. Le Japon doit se moderniser pour attirer plus de touristes.
日本は、より多くの観光客を引き付けるために、今の時代に合わせて変わる必要があります。

2. Tous les distributeurs automatiques devraient être en service 24 heures sur 24, tous les jours de l'année.
全てのATMが24時間365日使えるようにするべきです。

3. L'argent liquide est plus facile à utiliser que les cartes de crédit.
現金の方がクレジットカードよりも使いやすいです。

4. Les petits magasins au Japon n'acceptent pas les cartes de crédit.
日本の小さな商店では、クレジットカードが使えません。

28 Les magasins à 100 yens

Les magasins à 100 yens sont des lieux prisés des touristes étrangers. Ceux qui cherchent à réduire le coût de leur voyage peuvent y trouver des souvenirs uniques et typiques du Japon. Le terme japonais est *hyakuen shoppu* ou *hyakkin* pour faire court. Ils se trouvent généralement en centre-ville et dans les centres commerciaux partout au Japon. De plus en plus d'entreprises ouvrent des succursales à l'étranger.

Afin de vendre des produits pour 100 yens, il faut concentrer ses efforts sur le développement, la production et la distribution. Bien que certains produits soient fabriqués au Japon, la plupart viennent de pays asiatiques où les coûts de main-d'œuvre sont faibles. À cet égard, il serait trompeur de dire que les articles sont produits localement. Mais comme ils sont néanmoins destinés au marché japonais, le contrôle qualité est bon.

Retrip, un site japonais sur les voyages et les sorties, avait publié il y a quelque temps un article intitulé « Une sélection de dix souvenirs japonais que vous pouvez acheter pour 100 yens ». Les produits de la marque Hello Kitty, célèbre personnage japonais, sont des produits particulièrement appréciés, de même que les essuie-mains japonais, les snacks au *matcha*, les articles liés au Mont Fuji, les aimants en forme de sushi, les articles de papeterie, les tasses à thé avec noms de poisson en *kanji* (*sushi-yunomi*) et l'encens. D'autres sites parlent également des produits en rapport avec les ninjas.

Dans ces magasins, il y a aussi des produits qui coûtent plus de 100 yens, par exemple des poupées japonaises à 1 000 yens. Mais leur qualité n'est pas médiocre, bien au contraire ! Le prix de ces articles est clairement indiqué et ils sont disposés dans une zone différente pour éviter tout malentendu. Si votre portefeuille vous le permet, veuillez également consulter ce rayon.

❖ mots et phrases

☐ typiques　に特有の

☐ distribution　物流

☐ coûts de main-d'œuvre　人件費

☐ à cet égard　この点で

☐ dire　主張する

☐ il y a aussi　〜もある

☐ médiocre　劣る

☐ bien au contraire　それどころか、反対に

28

Les magasins à 100 yens

100円ショップ

　100円ショップは、外国人が買い物をするのに人気がある場所です。なぜなら、旅行の費用を節約したい人は、珍しいものや日本らしいお土産のどちらも見つけることができるからです。日本語では、100円ショップ、あるいは略して<ruby>100均<rt>ひゃっきん</rt></ruby>と言います。このタイプの店は日本全国の繁華街やショッピングモールで見られます。海外に出店している企業もどんどん増えてきています。

　100円で販売するために、企業は開発、製造、そして物流でかなり努力しなければなりません。日本製のものもありますが、ほとんどの製品は労働賃金の安いアジア諸国で作られています。この点ではメイド・イン・ジャパンと主張することはできません。しかし、商品は日本市場向けに作られており、品質管理も適切です。

　旅行ナビサイト「RETRIP」が、「全部100均で買える！　外国人に絶対喜ばれる日本のお土産おすすめ10選」*を特集しています。日本の有名なキャラクター「ハローキティ」のグッズが人気です。他の9つは、扇子、ネイル製品、日本手ぬぐい、抹茶スナック、富士山グッズ、お寿司グッズ（マグネットなど）、文房具、寿司屋の湯飲み、お香となっています。他のサイトでは、忍者グッズも人気だとあります。

　100円ショップで売られる商品は、必ずしも全てが100円というわけではありません。例えば、1,000円の日本人形などもあります。決して品質が劣っているわけではなく、上質のものです。値段は明示され、別の場所に並べられるので、間違えないはずです。現金をたくさん持っていれば、ぜひそれらのコーナーものぞいてください。

＊ https://retrip.jp/articles/33345/

賛成・反対意見のサンプルを参考にして、自
分の意見を文章にしてみましょう。

Pour 賛成

1. Les magasins à 100 yens sont parfaits également pour des achats de tous les jours.
   100円ショップは、日常の買い物にもとても役に立ちます。

2. Dans les magasins à 100 yens, les gens ont l'impression d'en avoir pour leur argent.
   100円ショップでは、お金に見合った価値のあるものを手に入れた気分になります。

3. Les magasins à 100 yens nous ont rendu la vie plus facile.
   100円ショップのおかげで、私たちの生活は楽になりました。

4. On peut aisément passer un long moment à faire du shopping dans un magasin à 100 yens.
   100円ショップでは、ウインドウショッピングで気楽に長時間を過ごせます。

Contre 反対

1. Parfois, certains produits ne tiennent pas très longtemps.
   商品があまり長持ちしないことが時々あります。

2. Il y a des produits qui donnent l'impression d'avoir peu de valeur.
   商品の中には安物に見えるものもあります。

3. Il y a trop de magasins à 100 yens.
   100円ショップの数が多すぎます。

4. Les prix bas peuvent nous inciter à trop acheter.
   値段が安いので、すぐに買いすぎてしまいます。

6

Trivia

雑学

29 Le sport

Au Japon, lorsque nous pensons au sport, nous imaginons généralement des activités qui impliquent un exercice physique exigeant
de l'habileté et de l'adresse. Mais des organisations telles que le
Comité international olympique considèrent également comme
sports les échecs, l'igo et le shōgi, car ils impliquent une autre forme
d'exercice, exigeant une aptitude mentale. Le nombre de personnes
engagées dans ces activités n'est pas connu avec précision, bien
que de nombreux chiffres vagues soient fournis par des sources de
fiabilité variable.

Il y a une étude qui affirme que les échecs comptent 700 millions de
joueurs, dépassant donc largement le nombre de joueurs de basket
estimés à 450 millions. Viennent ensuite le football (250 millions),
le cricket (plus de 110 millions), le tennis (110 millions) et le golf
(65 millions).

Au Japon, l'ordre de classement est, du premier au huitième : la
marche, le bowling, la natation, le golf, le badminton, le tennis
de table, le football et le baseball. Évidemment, les sports de haut
niveau sont ceux qui peuvent être pratiqués quels que soient le sexe
et l'âge.

Pour les Jeux olympiques et paralympiques d'été de 2020 à Tokyo, le Japon a proposé d'ajouter cinq nouvelles disciplines officielles : le baseball/softball, le karaté, le skateboard, l'escalade et le surf. Ces sports reflètent ce qui est populaire au Japon mais également chez les jeunes du monde entier. Les Jeux olympiques rassemblent l'élite du sport, mais ils représentent également une opportunité pour les gens de découvrir divers sports du monde entier, augmentant ainsi le nombre de personnes qui peuvent les apprécier.

❖ **mots et phrases**

☐ Comité international olympique　国際オリンピック委員会

☐ impliquent une autre forme de
別の意味では、違った形の

☐ avec précision　正確に

☐ vagues　あやふやな

☐ dépassant le nombre　に数で勝る

☐ quels que soient　〜にかかわらず

☐ sexe　性

29

Le sport
スポーツ

　日本でスポーツについて考えるとき、普通は体を動かすとか技能に関わる活動を想像します。しかし国際オリンピック委員会のような組織は、チェス、囲碁、そして将棋などをスポーツとみなしています。これらはメンタルな運動や技能という意味ではスポーツです。こうしたスポーツを楽しむ人の正確な数はわかりません。不確かな出典から出ているあやふやな数値はたくさんあります。

　ある調査では、チェスのプレイヤーは7億人おり、バスケットボールの4億5,000万人を大きく引き離しているとしています。以下、サッカー（2億5,000万人）、クリケット（1億1,000万人以上）、テニス（1億1,000万人）、ゴルフ（6,500万人）と続きます。

　日本国内はどうでしょうか？　1位から8位までの人数別のランキングは、ウォーキング、ボウリング、水泳、ゴルフ、バドミントン、卓球、サッカー、野球の順です。トップに入るこうしたスポーツは明らかに、性別や年齢に関係なく楽しめるものです。

　2020年*東京で開催される夏季オリンピック・パラリンピックでは、正式種目として5つの競技が追加されました。それらは野球／ソフトボール、空手、スケートボード、スポーツクライミング、そしてサーフィンです。日本で人気があり、世界中の若者からも人気を博しているスポーツを反映したものです。世界のスポーツエリートが集うのがオリンピックですが、世界の色々なスポーツに人々が触れる機会でもあります。そして、このようにして、それらを楽しむ人々が増えるかもしれないのです。

*2021年に延期、開催予定（2020年5月現在）。

あなたはどう思う？

Pour 賛成

1. Les sports axés sur les habiletés mentales devraient être inclus dans les Jeux olympiques.
知的技能に重点を置くスポーツも、オリンピックに含まれるべきです。

2. Les Jeux olympiques nous donnent l'occasion d'apercevoir de nombreuses nouvelles stars du sport.
オリンピックは、数多くの新しいスポーツヒーローを目撃する機会を、私たちに与えてくれます。

3. Les Jeux olympiques devraient inclure plus de sports à la mode.
オリンピックは流行のスポーツをもっと取り入れるべきです。

4. Si le shōgi est inclus dans les Jeux olympiques, le Japon est assuré de remporter une médaille d'or.
もし将棋がオリンピック種目になれば、日本は金メダルを取るでしょう。

Contre 反対

1. Les jeux de société ne devraient pas être considérés comme des sports.
ボードゲームは、スポーツと見なされるべきではありません。

2. Il est surprenant que plus de gens jouent aux échecs qu'au basketball.
バスケットボールよりもチェスをプレーする人が多いのは驚きです。

3. Certains nouveaux sports ne sont pas très intéressants à regarder.
新しいスポーツの中には、見ていてもそれほど面白くないものがあります。

4. Les sports mineurs ne devraient pas être inclus dans les événements internationaux.
マイナーなスポーツは、国際イベントで行われるべきではありません。

30 Hello Kitty

Le « merchandising de personnages » tire un avantage commercial de la popularité des personnages principaux d'un film ou d'une histoire pour enfants en créant des produits qui leur confèrent une valeur ajoutée. Pensez à Mickey Mouse, Snoopy ou Star Wars. Au Japon, il y a Doraemon, Anpanman et Kitty-chan, également connue sous le nom de Hello Kitty.

On a tendance à penser que Hello Kitty est simplement un jouet pour les jeunes filles. Or le personnage est en fait attrayant pour les personnes de tout âge et de tous les horizons. Des célébrités étrangères telles que Lady Gaga et Mariah Carey sont des passionnées de Hello Kitty. De plus, Hello Kitty n'a pas de profil fixe. Son image couvre une large gamme d'articles, allant des produits alimentaires aux souvenirs de différentes régions, en passant par les vêtements et les babioles.

Hello Kitty est un chat blanc avec un ruban rouge à l'oreille gauche. Le design du personnage, créé par Sanrio en 1974, a évolué progressivement au cours de sa carrière de plus de 40 ans. Actuellement, près de 50 000 produits associés à Hello Kitty sont fabriqués dans 70 pays. Il est rapporté que 4 000 entreprises dans le monde ont conclu des accords de licence et que leurs ventes totalisent 400 milliards de yens.

Il y a aussi des personnages de la famille et des amis de Kitty. Son père, George, travaille pour une société de négoce. Mary, la mère de Kitty, était pianiste. Mimi, avec son ruban jaune, est sa sœur jumelle et le nom de son petit ami est Daniel Star. Avec tous ses proches en plus, on se rend compte que le monde de Kitty est assez vaste, n'est-ce pas ?

❖ mots et phrases

☐ avantage commercial　商業上の利点

☐ valeur ajoutée　付加価値

☐ passionnées　熱中している人

☐ profil fixe　人物像

☐ large gamme　幅広い

☐ babioles　アクセサリー

☐ accords de licence　契約

☐ vaste　広い

30 ハローキティ

Hello Kitty

　映画や童話で人気の主人公（キャラクター）を商品にあしらって付加価値をつけ、商業上の利益を得るのがキャラクターマーチャンダイジングです。ミッキーマウス、スヌーピー、スター・ウォーズのことを考えてみてください。日本にも、ドラえもん、アンパンマン、そして「ハローキティ」として知られるキティちゃんがいます。

　ハローキティは、若い女の子向け玩具だと思われがちです。しかし実際には、ハローキティは全ての年齢や多くの経歴を持つ人たちにアピールしているのです。レディー・ガガやマライア・キャリーといった有名な外国の女性たちは、ハローキティの熱狂的なファンです。また、ハローキティは固定したプロフィールを持っていません。ハローキティのイメージは、食品、衣類、雑貨、各地のお土産を含む幅広い商品を対象としています。

　ハローキティは赤いリボンを左耳につけた白い猫です。1974年にサンリオが作ったこのキャラクターは、40年以上の歴史の中で少しずつデザインが変化してきました。現在、世界70ヵ国で展開され、ハローキティのブランドは年間5万種の商品を生み出しています。ライセンス契約している企業は世界に約4,000社あると言われ、売り上げ規模も4,000億円にのぼります。

　キティには家族や友達のキャラクターもいます。キティの父、ジョージは商社マンで、母のメアリーは元ピアニストです。黄色いリボンをつけたミミィは彼女の双子の妹で、ボーイフレンドの名前はダニエル・スターです。家族や友人をみんな入れると、キティ・ワールドはかなり広がりますね。

あなたはどう思う?

賛成・反対意見のサンプルを参考にして、自分の意見を文章にしてみましょう。

Pour 賛成

1. Les personnages et leurs produits dérivés apportent de la joie aussi bien aux enfants qu'aux adultes du monde entier.
キャラクターグッズは、どこでも子供や大人に喜びをもたらします。

2. C'est un plaisir pour les Japonais de voir Hello Kitty à l'étranger.
外国でハローキティを見るのは素敵なことです。

3. Hello Kitty est l'un des personnages les plus populaires au monde.
ハローキティは、世界中でとても人気のあるキャラクターです。

4. Le secteur du merchandising de personnages est une part croissante de l'économie japonaise.
キャラクターマーチャンダイジングは、日本経済における成長分野です。

Contre 反対

1. Il y a trop de produits destinés aux enfants ces jours-ci.
近頃は子供をターゲットにした製品が多すぎます。

2. Les jeunes enfants ont besoin de personnages qui sont aussi de bons modèles.
小さな子どもにはいいお手本にもなるようなキャラクターが必要です。

3. Certains nouveaux personnages ne sont que des copies d'autres qui ont réussi.
新しいキャラクターの中には、他の成功したキャラクターを模倣しただけのものもあります。

4. Les produits dérivés de personnages bon marché sont vite oubliés.
安っぽいキャラクターグッズは、すぐに忘れ去られます。

31 Le mariage

En 2017, le ministère de la Santé, du Travail et des Affaires sociales a procédé à un recensement de la population, selon lequel le pourcentage de personnes non-mariées avant l'âge de 50 ans était de 23% pour les hommes et de 14% pour les femmes. On estime que d'ici 20 ans, les chiffres atteindront 29% pour les hommes et 19% pour les femmes. Jusqu'en 1985, les chiffres pour les hommes et les femmes étaient à moins de 5%. Nous pouvons facilement constater que le nombre de Japonais non mariés a augmenté. En outre, l'âge moyen du mariage est passé à 31 ans pour les hommes et à 29 ans pour les femmes.

Cela ne signifie toutefois pas que les hommes et femmes célibataires ne souhaitent pas se marier. Dans une étude distincte, plus de 80% des hommes et des femmes ont indiqué qu'ils souhaitaient trouver un conjoint mais étaient incapables de le faire. Pour ce qui est des raisons, plus de 40% ont parlé de frais de mariage et d'inquiétude concernant le coût de la vie. L'emploi irrégulier a atteint 40% du total des emplois, prouvant ainsi que beaucoup de personnes travaillent pour des salaires bas et se retrouvent dans une situation instable.

Si le nombre de personnes qui renoncent au mariage augmente ou si l'âge du mariage continue à reculer, il sera naturellement plus difficile pour le nombre d'enfants d'augmenter. Si la population japonaise continue à décliner après un pic de 128 millions d'habitants en 2010, elle devrait tomber à 87 millions d'ici à 2060. Près de 35 millions de Japonais auront 65 ans ou plus.

La contraction de l'économie contribue à la diminution de la population active, ce qui réduit encore plus la vitalité du pays. Il semble que le Japon soit pris dans un cercle vicieux. Comment pouvons-nous changer cette situation ?

✥ mots et phrases

☐ recensement de la population
国勢調査

☐ augmenté　増加する、上昇する

☐ en outre　また

☐ Pour ce qui est des raisons　理由
としては

☐ contraction　縮小

☐ population active　生産人口

☐ soit pris dans　～に巻き込まれる

☐ changer　変えていく

31 結婚

Le mariage

2017年に厚生労働省が国勢調査を行いました。その結果によると、50歳までに一度も結婚したことがない人の割合が、男性23%、女性14%でした。これが20年以内には、男性29%、女性19%とさらに上昇すると推計されています。1985年までは、その数値は男女とも5%未満でした。したがって、結婚していない日本人が急増していることが容易にわかります。また、平均初婚年齢も高くなっており、男性31歳、女性29歳です。

しかし、未婚者の男女が結婚したくないわけではありません。別の調査では、男女とも80%以上が結婚を望んでいるのです。「結婚したくてもできない」ということでしょう。その理由として、40%以上の人が、結婚資金と生活資金への不安を挙げています。全ての雇用のうち、非正規雇用は40%に達しています。だから、多くの人が低賃金で働いていて、不安定な状態にあるのが事実なのです。

結婚を諦める人が増え、また結婚年齢がさらに上昇すれば、当然子供の数はさらに増えにくくなります。もし日本の総人口が、2010年の1億2,800万人から減り続けるとしたら、2060年には8,700万人以下になると見込まれています。そのうち65歳以上が3,500万人になるでしょう。

経済規模の縮小は生産人口減少の起因になり、それはさらに国を縮小させます。日本は困難なサイクルに巻き込まれたようです。これを私たちはどうやって変えることができるのでしょうか？

あなたはどう思う？

賛成・反対意見のサンプルを参考にして、自分の意見を文章にしてみましょう。

Pour 賛成

1. Le problème de la surpopulation pourrait disparaître si la population diminue.
   人口が減少すれば、過密の問題も解消されるかもしれません。

2. Les hommes doivent garder la forme s'ils souhaitent se marier.
   結婚したいのであれば、男性は体形を保っておく必要があります。

3. À deux, on se débrouille financièrement mieux que tout seul.
   2人なら、1人よりもお金を使わずに暮らすことができます。

4. Les femmes sont la clé pour changer la société japonaise.
   女性は、変わりゆく日本社会の鍵といえます。

Contre 反対

1. Les primes d'assurance et de pension peuvent augmenter.
   保険と年金の料率が上がるかもしれません。

2. Il y aura une pénurie de personnel aide-soignant pour les personnes âgées.
   高齢者のためのケアワーカーが不足するでしょう。

3. A l'avenir, il y aura moins de réceptions de mariage à l'hôtel.
   将来、ホテルで多くの結婚披露宴が開かれることはないでしょう。

4. Accepter de nouveaux immigrants deviendra l'un des principaux problèmes sociaux du Japon.
   新しい移民を受け入れることは、日本のとても大きな社会問題になるでしょう。

32 Les prénoms « *kira-kira* »

La loi japonaise sur les registres de famille définit les règles applicables aux prénoms donnés aux enfants de nationalité japonaise. Ils doivent utiliser des caractères à choisir parmi les 2 136 caractères chinois (*kanji*) d'usage commun, les 985 *kanji* autorisés pour les noms de personne, ainsi que les caractères syllabaires *hiraganas* et *katakanas*. Cependant, il n'y a aucune restriction sur la longueur ou la manière dont les caractères sont prononcés.

Il y a eu un temps où Tarō pour les garçons et Hanako pour les filles étaient des prénoms communs. Mais les modes changent. Depuis les années 1990, nous voyons apparaître des prénoms assez inhabituels et difficiles à lire, souvent sous influence de l'Occident. Il existe, par exemple, Zeruda (de Zelda), Shaneru (Chanel) ou bien encore Naito (qui vient de l'anglais Knight). Beaucoup de ces prénoms sont en rapport avec les contes de fées. Depuis les environs de l'an 2000, le terme *kira-kira nēmu* (prénom « tape-à-l'œil ») est utilisé pour les décrire.

Même s'il n'existe pas de spécifications légales concernant les prénoms inhabituels, il arrive que le prénom choisi soit rejeté lors du dépôt de la déclaration de naissance, pour les cas où un parent donne son propre prénom à son enfant. En 1993, quelqu'un a tenté de nommer son fils Akuma, qui signifie « démon ». La demande a été approuvée temporairement mais a ensuite été invalidée par le ministère de la Justice, qui a déclaré : « il est tout à fait clair que ce prénom est inapproprié et va à l'encontre du sens commun. »

Il semble que le Japon ne soit pas le seul pays à avoir des problèmes avec l'enregistrement de prénoms étranges. Le Mexique interdit soixante et un prénoms, dont Hitler. La Nouvelle-Zélande, elle, interdit l'utilisation de titres et de rangs publics, tels que Princesse. Au Japon, cependant, où il n'existe pas de contrôle précis, il existe des prénoms tels que Sushi-chan et Karaoke-chan. Les parents devraient penser au futur de leur enfant plutôt que de choisir en rapport à la mode.

❖ mots et phrases

☐ loi sur les registres de famille
戸籍法

☐ restriction 制限

☐ apparaître 現れる

☐ ministère de la Justice 法務省

☐ à l'encontre du 正反対に

☐ sens commun ～の通念

32 キラキラネーム

　日本の戸籍法によると、子供の名前をつけるにあたってルールがあります。常用漢字（2,136字）と人名用漢字（985字）の漢字、それにひらがな・カタカナから選ばなければなりません。しかし、漢字の長さや読み方には制限はありません。

　ひと昔前の代表的な名前といえば、男は太郎、女は花子でした。しかし、名前は時代とともに変わり、流行を反映しています。1990年代以降、読み方で悩むような漢字を使った奇妙な名前がつけられるようになりました。例を挙げると、「是留舵（ぜるだ）」、「紗音瑠（しゃねる）」、「騎士（ないと）」などです。メルヘンチックなものが多く、2000年頃から、キラキラした名前という意味で、これらを「キラキラネーム」と呼ぶようになりました。

　こうした変わった名前は法律には明記されていなくても、出生届を出すとき、却下されることがあります。名前が親とまったく同じというケースです。また、1993年には、devilを意味する「悪魔」と子供につけたケースがありました。いったん申請は受理されましたが、法務省がその後に無効としました。法務省が、「社会通念に照らしてその名前は不適当であり、一般常識に反していることは完全に明らか」であると裁定したのです。

　変わった名前を登録する問題を抱えているのは、日本だけではないようです。メキシコは、ヒトラーなど61の名前を禁止しています。ニュージーランドでは、プリンセスなど公的な称号や階級の使用を禁止しています。しかし、とくに規制のない日本では「寿司（すし）」ちゃんや「唐桶（からおけ）」ちゃんという名前があるのです。親は流行で選ぶのではなく、子供の将来を考えるべきです。

あなたはどう思う?

賛成・反対意見のサンプルを参考にして、自分の意見を文章にしてみましょう。

Pour 賛成

1. Les prénoms *kira-kira* finiront par devenir communs.
   キラキラネームはゆくゆくはありふれたものになるでしょう。

2. Les titres et les grades publics ne devraient pas être autorisés.
   公的な階級や称号の使用を認めるべきではないと、私も思います。

3. Les enfants avec un prénom *kira-kira* peuvent se considérer comme spéciaux.
   キラキラネームを持つ人々の多くが、特別な気持ちを抱いています。

4. Les prénoms *kira-kira* encouragent ceux qui les portent à se sentir plus créatifs.
   キラキラネームは、人々の創造性をより高めます。

Contre 反対

1. Les prénoms *kira-kira* peuvent être amusants pour les enfants mais bizarres pour les adultes.
   キラキラネームは子供にはかわいいですが、大人には変です。

2. Des prénoms étranges peuvent mener au harcèlement à l'école.
   変わった名前は学校でのいじめにつながりかねません。

3. Les prénoms traditionnels rendent la vie plus facile pour tout le monde.
   伝統的な名前の方が、だれにとっても親しみやすいです。

4. Les jeunes peuvent parfois être gênés par leur prénom *kira-kira*.
   若い人たちは、時に自分のキラキラネームのせいで恥ずかしい思いをしています。

33 Les *Shinise*

Le mot japonais *shinise* fait référence à une entreprise ayant une longue histoire, et comparé aux autres pays du monde, elles sont assez nombreuses au Japon. Quelque 3 000 entreprises japonaises existent depuis au moins deux siècles. C'est plus du double de l'Allemagne, qui occupe la deuxième place. Les Pays-Bas, au troisième rang, en comptent environ 200. Et les États-Unis n'en ont que quatorze.

Il existe sept sociétés japonaises avec une histoire de plus de 1 000 ans. Parmi celles-ci, Kongo Gumi, une entreprise de construction établie dans l'actuelle Ōsaka en 587, et Keiunkan, une auberge japonaise ouverte dans la préfecture de Yamanashi en 705. Certains affirment que ces entreprises survivent en raison de traits nationaux : l'assiduité et une grande loyauté. Mais la vraie raison est inconnue.

Bien sûr, le succès continu dépend de la capacité d'une entreprise à rester attrayante. Nombreux sont les *shinise* qui ont adapté leurs produits ou leurs activités commerciales à leur époque. Prenons par exemple un des grands magasins représentatifs du Japon, le Mitsukoshi de Nihonbashi. Fondé à l'origine comme une petite boutique en 1672, cette dernière a adopté son nom actuel à l'ère

Meiji pour devenir en 1904 un grand magasin. L'entreprise a changé à certains égards, tout en conservant ses valeurs fondamentales et ainsi la confiance de ses clients.

Voici une statistique datant de 1996 : sur les 80 000 entreprises créées chaque année, seulement 5% ont existé plus de 20 ans. Cela montre bien la difficulté de maintenir une entreprise pendant longtemps. Dans l'économie mondiale d'aujourd'hui, les affaires se font de plus en plus via Internet. En outre, le nombre d'enfants prenant la suite d'une entreprise familiale traditionnelle a diminué. La force mystérieuse du *shinise* doit être étudiée plus en profondeur.

❖ mots et phrases

☐ traits 特質

☐ assiduité 勤勉

☐ loyauté 忠誠心

☐ rester 維持する

☐ valeurs fondamentales 基本的価値観

☐ statistique 統計値

☐ force mystérieuse 不思議な力

33 Les *Shinise*

老舗

　日本語の老舗(しにせ)というのは、長年にわたって経営されている企業という意味です。日本は、世界の他の国に比べても、この数が非常に多いのです。創業して200年以上という会社は約3,000社あります。2位のドイツの2倍以上です。3位のオランダは200社、そして米国はたったの14社です。

　1,000年以上の歴史を持つ企業は7社あります。中には578年創業の建設会社・金剛組(こんごうぐみ)(大阪府)、705年創業の旅館・慶雲館(けいうんかん)(山梨県)などがあります。そのような会社が、なぜ日本にそんなに多いのでしょうか？　理由として、勤勉で忠誠心が強い国民性を挙げる人がいます。しかし本当の理由はわかりません。

　もちろん、老舗が長期間成功してきた理由は、魅力を維持することができたからです。商品や事業内容を時代につれて変えてきたところも多いのです。日本を代表するデパートの一つ、日本橋の三越を例にとってみましょう。1672年に小さな商店として創業し、名前を三越にしました。1904年にはデパートになると宣言したのでした。いくつかの点では変わっていますが、中心に置いている価値観をはずすことなく、顧客の信用を維持してきました。

　少し古いのですが、1996年の統計があります。毎年、8万社の企業が設立されますが、そのうち20年続くのはわずか5%です。長期にわたって商売を維持する困難さが示されています。経済がグローバル化し、ネットを使った取引が増えています。このところ、家業を継ぐ子供の数は減っています。老舗が持つ神秘的な継続のパワーは、もっと深く研究されても良いでしょう。

あなたはどう思う?

賛成・反対意見のサンプルを参考にして、自分の意見を文章にしてみましょう。

Pour 賛 成

1. Les consommateurs japonais ont un sens aigu de la fidélité à la marque.
日本の消費者は、ブランドに対する強いこだわりがあります。

2. Les employés au Japon ont beaucoup de loyauté pour l'entreprise dans laquelle ils travaillent.
日本の従業員は、自分が勤める会社に対する忠誠心があります。

3. Les entreprises ayant une longue histoire comprennent les besoins de leurs clients.
長い歴史を持つ企業は自分たちの顧客のニーズをよく理解しています。

4. *Shinise* est en soi le signe d'une grande marque.
老舗であること自体が素晴らしいブランドのしるしなのです。

Contre 反 対

1. Quatre-vingt-quinze pour cent des entreprises échouent dans les 20 ans.
企業の95%は20年以内に倒産します。

2. Les familles ayant une entreprise obligent parfois leurs enfants à prendre la suite.
家業のある家族は、子供たちに会社を継ぐよう強制することがあります。

3. *Shinise* ne signifie pas toujours qu'une entreprise est digne de confiance.
老舗であるからといって、その会社が信頼に値するとは必ずしも限りません。

4. Les *shinise* sont parfois bien trop têtus pour changer en mieux.
老舗は時に、頑固すぎてより良い方に変化することができないこともあります。

34 Les ordonnances sur le paysage urbain

En arrivant près de lieux historiques ou culturels au Japon, le visiteur attentif remarquera quelque chose de différent. À Kyōto, par exemple, les enseignes de McDonald's et de KFC sont discrètes et les toits des supérettes sont en tuiles, à la façon traditionnelle japonaise : c'est pour qu'ils ne se démarquent pas, car Kyōto a établi une ordonnance stricte en matière d'aménagement urbain.

Hormis quelques-uns, les paysages urbains au Japon ne sont généralement pas attrayants. Il y a des rangées et des rangées de poteaux électriques, l'espace pour les piétons le long des routes est limité, et l'arrangement des panneaux est chaotique. Même les nouvelles résidences individuelles n'ont aucun sens d'harmonie avec le reste du voisinage. Ce n'est que très récemment que les villes et les villages ont réussi à établir des ordonnances pour améliorer la situation.

Les finances de l'Etat et des municipalités, ainsi que celles des citoyens, sont toutefois limitées. Il faudra donc plusieurs décennies avant que de beaux paysages urbains puissent être développés conformément aux directives données. En outre, il faut prendre en compte l'infrastructure vieillissante. Les routes, les réseaux d'eau potable et d'eaux usées, les centrales électriques, les tunnels et les ponts ont tous besoin d'un entretien coûteux.

Il est irréaliste de penser que le renouvellement de tous les logements et de toutes les infrastructures existants peut être accompli
du jour au lendemain. De nombreux plans sont en cours d'élabo-
ration pour promouvoir un paysage urbain durable en mettant
l'accent sur les nouveaux développements. Des techniques sont en
cours d'adoption pour construire des infrastructures plus durables
avec un coût et une main-d'œuvre minimes.

❖ mots et phrases

□ attentif　注意深い、観察眼のある

□ discrètes　目立たない、地味な

□ démarquent　目立つ

□ aménagement urbain　都市の景観

□ piétons　歩行者

□ chaotique　無秩序な

□ conformément aux　〜に沿う

□ durables　持続できる

Les ordonnances sur le paysage urbain

景観条例

　日本各地に出かけると、観察力に優れた人なら、歴史のある地域では何かが違うことにもう気づいていることでしょう。例えば京都では、マクドナルドやKFCなどの看板が異なります。コンビニストアの屋根も同様です。目立たないように、看板はモノトーンで、屋根は瓦になっています。これは、京都市が厳しい景観条例を設けているからです。

　日本の街並みは、一部を除いて、さほど魅力的なものではありません。電柱が立ち並び、道路の歩行者スペースは限られていて、看板は無秩序です。新しい住宅であっても、街並みとはまったく調和していません。こうした状態を改善しようと、全国の市町村が景観条例を設けるようになったのはごく最近のことです。

　しかし国も自治体も、個人レベルでも財政は切迫しています。ガイドラインに全て沿った美しい街並みを作り上げるにはまだ数十年はかかるでしょう。また、考慮すべき劣化しているインフラもあります。道路、上下水道、発電所、トンネル、橋は全て、費用のかかるメンテナンスが必要です。

　全ての住宅や既存インフラを急に作り変えるのは現実的ではありません。新規開発を中心とすることで、持続できる都市景観を促進するプランがたくさん考案されています。現在、最小限の経費と労力で、インフラの延命化をはかる建築技術が採用されつつあります。

あなたはどう思う？

賛成・反対意見のサンプルを参考にして、自分の意見を文章にしてみましょう。

Pour 賛成

1. Les panneaux d'entreprise doivent se fondre dans leur environnement.
   企業の看板は、周囲の環境に溶け込むべきです。

2. Beaucoup de bâtiments du centre-ville ont trop de panneaux.
   繁華街の多くの建物は、付いている看板の数が多すぎます。

3. Toutes les villes devraient adopter une ordonnance sur le paysage urbain.
   全ての都市が、景観条例を採択するべきです。

4. Les bâtiments qui s'intègrent à leur environnement sont plus appréciables que les bâtiments modernes.
   周囲に溶け込むようにデザインされた建物の方が、現代的なデザインよりも良いです。

Contre 反対

1. Les individus devraient pouvoir bâtir leurs maisons comme ils le souhaitent.
   個人は、自分の家を好きなように建てることができるべきです。

2. Les ordonnances relatives au paysage urbain coûtent cher aux entreprises.
   景観条例は、企業にとっては高くつきます。

3. De nombreux touristes arrivent au Japon pour observer des paysages urbains chaotiques.
   多くの観光客は、混沌とした都市の景観を見に日本に来るのです。

4. Il est possible que les touristes ne reconnaissent pas leurs magasins préférés s'ils se fondent trop bien dans leur environnement.
   周囲にあまり溶け込みすぎていると、観光客は自分のお気に入りの店を見つけられないかもしれません。

35 Les technologies de l'information et de la communication (TIC)

Jusqu'à récemment, le Japon était connu comme un pays de haute technologie. Aujourd'hui, cependant, n'ayant pas su faire face à la vague d'innovations technologiques récentes, le pays a commencé à prendre du retard par rapport à d'autres. L'application avancée des ordinateurs et des communications est appelée TI (technologies de l'information) ou TIC (technologies de l'information et de la communication). Voyons ce que le ministère de l'Intérieur et des Communications nous dit sur la situation actuelle.

Presque tous les ménages possèdent des téléphones portables et 78% des ordinateurs personnels. Les smartphones représentent près de 65% de tous les téléphones portables. Les frais mensuels des téléphones portables ont considérablement diminué au cours des dix dernières années. En fait, ils sont parmi les moins élevés du monde. En outre, le nombre d'utilisateurs d'Internet a atteint un sommet de 100 millions. Toutefois, les statistiques varient en fonction du niveau de revenu et du groupe d'âge des utilisateurs. En ce qui concerne l'utilisation d'Internet, il existe trois objectifs principaux : l'échange de courriers électroniques, l'achat de produits et de services, ainsi que l'obtention d'itinéraires ou d'informations sur le trafic.

Le gouvernement encourage activement l'utilisation des TIC dans l'industrie. Bien entendu, il favorise le commerce électronique (CE) dans les transactions commerciales générales. Il plaide pour une augmentation de l'efficacité de la production dans les secteurs de la fabrication et des services, y compris les robots, l'IA (intelligence artificielle) et l'IdO (Internet des objets). En outre, il favorise l'allègement du travail grâce à l'introduction de l' « i-Construction » dans les domaines de la construction et du génie civil, ainsi que des TIC dans l'agriculture.

L'utilisation des TIC est assistée par diverses technologies de composants. Parmi celles-ci figurent les robots japonais de classe mondiale et les technologies d'authentification biométrique. Le Japon sera sûrement de nouveau à la tête du monde grâce à ses contributions technologiques.

❖ mots et phrases

☐ faire face à la vague d' ～化に対
応できず、向き合えず

☐ application 応用

☐ ministère de l'Intérieur et des
Communications 総務省

☐ situation actuelle 情勢

☐ représentent ～の割合を占める

☐ transactions 取引

☐ technologies d'authentification
biométrique 生体認証技術

35 ICT

　つい最近まで、日本はハイテク国家と評判でした。しかし今は、最近の技術革新の波に乗り切れず、諸外国に後れをとるようになっています。コンピューターと通信を高度に応用した技術をIT（information technology：情報技術）またはICT（information and communication technology：情報通信技術）と呼びます。総務省の最新報告書を踏まえてその情勢を見てみましょう。

　ほとんどの世帯に携帯電話が普及し、78％がパソコンを持っています。あらゆる携帯電話のうちスマートフォンは、ほぼ65％を占めます。携帯利用の月額料金はこの10年で大幅に下がりました。事実、世界的に見ても一番安いグループに入ります。次に、インターネットの利用者数は約1億人とピークに達しました。しかし、利用者の所得水準と年代グループによって統計値は異なっています。ネット利用には、3つの主な目的があります。メール交換、商品・サービスの購入、方向・方角や交通情報の取得です。

　政府は産業のICT化を積極的に奨励しています。もちろん、一般的な商取引のEC（electronic commerce：電子商取引）化を推進しています。ロボットやAI（Artificial Intelligence：人工知能）、IoT（Internet of Things：モノのインターネット）を組み入れた、製造業およびサービス業、両方での生産効率アップを促進しています。それに加え、i-Constructionの建築土木分野への導入や、農業にICTを取り入れるといった省力化を支援しています。

　ICT活用は、さまざまな要素技術で支えられています。この中には、世界レベルの日本のロボットや、生体認証技術などがあります。日本が技術貢献で再び世界をリードするのは確かなことでしょう。

あなたはどう思う？

賛成・反対意見のサンプルを参考にして、自
分の意見を文章にしてみましょう。

Pour 賛成

1. Les robots seront utiles pour résoudre la pénurie de main-d'œuvre au Japon.

ロボットは、日本の労働力不足の解決に役立つでしょう。

2. Les technologies de sécurité par identification biométrique deviendront plus importantes à l'avenir.

生体認証によるセキュリティ技術は、将来いっそう重要になるでしょう。

3. L'utilisation du smartphone a entraîné une augmentation des achats en ligne.

スマートフォンの利用が、オンラインショッピングの増加につながっています。

4. Les technologies du commerce en ligne ont permis à de nombreuses entreprises de se développer.

オンラインビジネスの技術によって、多くの会社は急速に成長することが可能になりました。

Contre 反対

1. Le gouvernement japonais ne fait pas assez pour soutenir les entreprises du secteur des TIC.

日本政府はICT企業に対し、十分な支援を提供していません。

2. Il y a trop de réglementations pour les nouvelles entreprises au Japon.

日本には、新規企業に対する規制が多すぎます。

3. Passer trop de temps sur Internet rend les gens moins amicaux.

オンラインで時間を使いすぎると、親しみにくい人になります。

4. La robotique pourrait remplacer des industries entières.

ロボット技術が、あらゆる産業に取って代わるかもしれません。

音読 JAPON（ジャポン）
フランス語でニッポンを語ろう！

2020年8月7日　第1刷発行

著　者　　浦島　久

訳　者　　チャールズ・ドゥ・ウルフ

発行者　　浦　晋亮

発行所　　IBCパブリッシング株式会社
　　　　　〒162-0804 東京都新宿区中里町29番3号 菱秀神楽坂ビル9F
　　　　　Tel. 03-3513-4511 Fax. 03-3513-4512
　　　　　www.ibcpub.co.jp

印刷所　　株式会社シナノパブリッシングプレス
CDプレス　　株式会社ケーエヌコーポレーションジャパン

ISBN978-4-7946-0622-8